Karate-Do
BLAGOSLOV NEIZVESNOG PUTA

Goran Lozo

KARATE-DO
BLAGOSLOV NEIZVESNOG PUTA
Goran Lozo

Izdavač

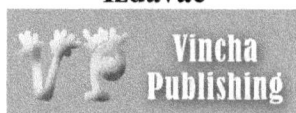

Tehnički urednik
Gordana Lozo

Dizajner korica
Gordana Lozo

Lektor
Ivana Đurović

Recenzenti
prof. dr Zoran Ćirković
Aco Ćirović
Miodrag Zarić

ISBN-10: 0692231048
ISBN-13: 978-0692231043

POSVETA

Ovu knjigu posvećujem
svojim roditeljima Đorđu i Radmili,
mojoj supruzi Gordani i ćerki Sari.

Ljubav i podrška mojih roditelja izgradili su mi
samopuzdanje i ulili veru da mogu da ostvarim
sve što poželim u životu.

Gordanino i Sarino postojanje daju mi svu snagu i
inspiraciju potrebnu da bih ostao na putu karatea.

Pisano u Atlanti, SAD, 2014. godine.

SADRŽAJ

Zahvalnica

Pismo autora

Uvod

Karate terminologija

1 RAZLIČITI PRISTUPI ....… 1

   Karate ne diskriminiše ....… 3

   Karate Džicu: veština realnog borenja 7

   Karate-Do: način života i životna filozofija 13

   Karate kao sportska disciplina: pozitivne posledice 17

   Karate kao sportska disciplina: negativne posledice ... 25

   Karate kao rekreativna aktivnost 29

   Karate kao sredstvo regulisanja stresa 35

2 ITOSU I FUNAKOŠI 37

   Deset karate zapovesti 39

   Tode Jukun 42

   Dvadeset glavnih principa karatea 45

   Karate Do Nijukkajo 45

   Pravila ponašanja u sali za vežbanje 49

   Dojo Kun 49

3 KATA: PRIČA ISPRIČANA TELOM 51

   Kata 53

   Degradacija kate 57

   Kata i svakodnevni život 61

4 KUMITE: TREĆA STRANA TROUGLA 67

   Kihon, kata i kumite 69

   Otpornost na fizički bol 71

   Karate i realna borba 79

   Karate i oružje 83

5 MOJ KARATE 85

   Početak 87

   Putovanja 91

   Porodica 99

   Život visokog rizika 105

   Telohranitelj 119

   Saga o samuraju i glibu 127

   Karate mi je dao sve 137

   ZAKLJUČAK 139

   RECENZIJE 143

   prof. dr Zoran Ćirković 144

   Aco Ćirović 146

   Miodrag Zarić 148

   O autoru 151

   Literatura 159

ZAHVALNICA

Bez podrške i pomoći mojih učitelja, trenera, selektora, profesora, mentora, prijatelja i kolega iz timova za koje sam se takmičio, nikada ne bih bio u stanju da naučim sve ono što sada znam, nikada ne bih bio u prilici da postignem rezultate koje od mene niko nije očekivao i nikada ne bih imao privilegiju da putujem i da se takmičim po celom svetu. Broj osoba kojima dugujem zahvalnost je veliki i spisak njihovih imena bio bi predugačak. Ovu stranicu i ovu priliku ću iskoristiti da se zahvalim onima koji su imali značajan uticaj na moj životni i karate razvoj. Verujem da se niko od mojih prijatelja koje nisam spomenuo neće naljutiti i uvrediti.

Života Vukojčić, moj prvi karate učitelj, trener i mentor
Zoran Vukajlović, moj trener u KK Radnički iz Beograda
Milorad Kangrga, moj trener u KK Mladost iz Zemuna
Dragoljub Kočović, moj trener u KK Sloga iz Kraljeva
Dušan Dačić, moj trener u KK Vojvodina iz Novog Sada
Aco Ćirović, moj trener i kapiten u KK Crvena Zvezda iz Beograda, klupski i reprezentativni drug, prijatelj
prof. dr Vladimir Jorga, učitelj, trener i selektor
Dragoslav Božović, trener i selektor
Dragan Veličković, klupski drug, kum i prijatelj
Miodrag Zarić, istoričar karatea, prijatelj
prof. dr Srećko Jovanović, trener i profesor
prof. dr Zoran Ćirković, profesor i prijatelj
Miroslav Čitaković, trener grčko-rimskog rvanja, prijatelj
Stanica Gole, vicešampion sveta u rukometu, prijatelj
Radmila Todorović – Parezanović, šampion sveta u rukometu, mentor i prijatelj
Josip Čorak, olimpijski vicešampion u rvanju, prijatelj
Neven Čorak, amaterski bodibilding prvak Evrope i vicešampion Mister Univerzuma, trening partner i prijatelj
Jovan Počuča, atletski i fudbalski trener, prijatelj
Momčilo Spaić, moj professor fizičkog vaspitanja, moj rukometni trener, prijatelj i kršteni kum moje ćerke
Radovan i Mirjana Vukašinović, prijatelji

**Života Vukojčić, proslavljeni šampion i reprezentativac
Jugoslavije, moj prvi karate učitelj, trener i mentor**

Razmišljanja o karateu opisana u ovoj knjizi, rezultat su mojih više od 35 godina neprekidnog i napornog vežbanja karatea, dugogodišnjeg istraživanja istorije karatea, života i životnih filozofija okinavljanskih karate majstora, iskustava stečenih kroz karate takmičenja širom sveta i znanja stečenih kroz karate seminare i razgovore s velikim karate majstorima s kojima sam imao priliku i privilegiju da se upoznam.

Moji pogledi na karate se konstantno menjaju. Što više vremena prolazi i što se karate duže vežba, to je slika o karateu čistija i jasnija. Danas vidim ono što nisam bio u stanju da vidim pre deset ili dvadeset godina, a za deset godina ću sigurno saznati ono što danas ne znam. Neko će se složiti s mojim razmišljanjima, dok će ih neko potpuno odbaciti. Slaganje ili neslaganje s mojim stavovima, međutim, potpuno su nebitni zato što sam pisao ono u šta verujem i bez namere da se nekome dopadnem ili da nekoga kritikujem.

Moja najveća želja u vezi sa ovom knjigom jeste da moja razmišljanja doprinesu očuvanju integriteta umetnosti koja se zove karate.

8. maj, 2014.

Čovek koji nema snage
Da stoji iza svojih ideja
Ili ne vredi kao čovek
Ili mu ideje ništa ne vrede.

Ezra Paund
(1885 - 1972)

Uvod

Kada bi neko pitao tri različite osobe da opišu nepoznatog čoveka kog su posmatrali jedan minut, jedna stvar je sigurna: te tri osobe bi dale tri različita i verovatno kontradiktorna opisa. Neko ko je po prvi put gledao film "Ko to tamo peva", kazaće da je upravo odgledao odličnu komediju koja ga je zasmejala do suza, dok će neko drugi kazati da je upravo video duboku i emotivnu dramu koja ga je naterala na razmišljanje. Neko će za vitku devojku kazati: "Nimalo mi se ne sviđa, premršava je", a neko će reći "vidi kako je vitka, ideal lepote".

Kada ljudi imaju tako različite reakcije na nešto što bi na prvi pogled trebalo da dovede do sličnih zaključaka, onda nije ni čudo što ogroman broj vežbača širom sveta vidi i upražnjava karate na mnogo različitih načina. Nabrojaću nekoliko najčešćih pristupa karateu:

- Karate Džicu: veština realnog borenja (samoodbrane);
- Karate Do: način života, životna filozofija;
- Karate kao umetnost: pronalaženje smisla i poruke u svakom detalju tehnike i kate, želja da kata bude "priča ispričana telom";
- Karate kao sport: borilačka veština limitirana sportskim pravilima;
- Karate kao rekreacija: vežbanje prilagođeno poboljšanju zdravlja ili gubljenju telesne težine;
- Karate kao sredstvo regulisanja stresa: vežbanje tehnika i kata sa akcentom na tehnike disanja i koncentraciju.

Postoje vežbači koji upražnjavaju karate tako što konstantno ili u fazama kombinuju dva ili više različita pristupa. Svako ima slobodu izbora da kombinuje pristupe vežbanju po sopstvenom nahođenju i svako treba da nadje kombinaciju koja najviše odgovara njegovim ili njenim specifičnim ciljevima, fizičkim karakteristikama, temperamentu i mentalnom sklopu. Neki od tih kombinovanih pristupa izgledaju ovako:

- Karate kao način života i karate kao veština samoodbrane
- Karate kao sport i karate kao veština samoodbrane
- Karate kao umetnost i karate kao sredstvo za poboljšanje zdravlja
- Karate kao sredstvo za poboljšanje zdravlja i karate kao sredstvo regulisanja stresa

Retki karate takmičari posle završetka sportske karijere nastavljaju da upražnjavaju karate kao način života i da žive po tradicionalnim principima orijentalnih borilačkih veština koje su nam u pisanoj formi ostavili Gičin Funakoši, kojeg mnogi nazivaju ocem modernog karatea, Džigoro Kano, osnivač Kodokan džudoa i Morihei Uešiba, osnivač aikidoa.

Verujem da karate nudi dovoljno lepote i izazova bez obzira na specifični cilj vežbanja. Iako moja namera nije da promovišem bilo koji od navedenih pristupa karateu, već da jasno razgraničim različite ciljeve, različite metodologije treninga i krajnje ishode različitih pogleda na karate veštinu, želim da iskažem svoj lični stav da od karatea najviše dobijaju oni koji karateu najviše daju.

**OKK Beograd,
1984. godine**

**Stoje (s leva na desno):
Goran Lozo,
Života Vukojčić,
Miodrag Mrvić**

**Kleči:
Dragan Veličković**

Učitelj i učenik: Života Vukojčić i Goran Lozo, 1986. godine

Goran Lozo

Čuveni japanski slikar Misei Kosugi (1881 - 1964), autor Šotokan tigra i učenik Gičina Funakošija

Šotokan tigar

Karate terminologija

Ova knjiga je pisana tako da pored onih, koji se već bave karateom, mogu lako da je razumeju i oni koji o karateu znaju malo ili gotovo ništa. Da bi knjiga bila lako razumljiva i onim čitaocima koji ranije nisu imali priliku da dođu u dodir s karateom ili drugim borilačkim veštinama, broj japanskih reči korišćenih u ovom tekstu sveden je na neophodni minimum. Pojednostavljena značenja i objašnjenja tih japanskih reči su sledeća:

Rei   Naklon kojim učitelj i učenici izražavaju međusobno poštovanje. Rei se takođe koristi da bi se iskazalo poštovanje prema protivniku pre početka i po završetku borbe.

Dodžo   Sala za vežbanje karatea

Sensei   Učitelj karatea

Kimono   Odeća u kojoj se vežba karate

Kihon   Bazične karate tehnike

Kata   Borba protiv imaginarnih protivnika

Kumite   Slobodna borba, sparing

Bunkai   Praktično značenje tehnika koje se upotrebljavaju u kati

Maai   Distanca između protivnika u borbi (ili kati)

Kime   Idealan spoj mentalnog fokusa i mišićne kontrakcije u momentu kontakta s protivnikovim telom

Kiai   Zvuk (često se, nepravilno, opisuje kao krik) koji predstavlja manifestaciju mentalne i fizičke snage i energije. Kiai ne dolazi iz grla već se formira u stomaku.

Ipon   Ceo poen u karate meču

Makivara   Daska napravljena od tvrdog ali elastičnog drveta pobodena u zemlju. Služi za uvežbavanje karate udaraca i jačanje udarnih površina.

Džicu   Označava samo tehnički aspekt borilačke veštine

Ki (či)   Životna energija koja kruži celokupnom prirodom, a samim tim i ljudskim telima

Do   Put, način

Gičin Funakoši (1868 - 1957), okinavljanski učitelj karatea koji je svojom kreativnošću i entuzijazmom uspeo da karate transformiše od nepoznatog borilačkog sistema do najpopularnije borilačke veštine na svetu

1 RAZLIČITI PRISTUPI

Goran Lozo

Karate ne diskriminiše

Karate je ljudska aktivnost koja ne diskriminiše ni po kojem osnovu i to je jedan od razloga zbog kojih je karate toliko popularan. Ljudi ne postoje zbog karatea, karate

S Hidetakom Nišijamom u San Dijegu, SAD, 1994. Godine Hidetaka Nišijama (1928 - 2008) bio je učenik Gičina Funakošija. Privatno, Nišijama sensei bio je izuzetno ljubazna i lako pristupačna osoba, uvek spreman da odgovori na bilo koje pitanje o karate tehnici ili istoriji karatea.

postoji zbog ljudi. Širom sveta karate vežbaju siromašni i bogati, žene i muškarci, mladi i stari, oni s malo obrazovanja i oni s visokim školama, mršavi i gojazni, niski i visoki. Karate vežbaju pripadnici svih svetskih nacija, rasa i religija. Neko može da kaže da je diskriminacija prejaka reč, ali u većini zemalja sveta samo mali broj osoba može sebi ili svojoj deci da priušti igranje tenisa, sviranje klavira ili violine, učenje slikarstva i tako dalje. Bavljenje ovim i mnogim drugim aktivnostima je prilično skupo i najčešće je dostupno osobama koje pripadaju visokoj srednjoj ili bogatoj klasi. S druge strane, karate ne zahteva skupu sportsku obuću (karate se vežba bosih stopala), garderobu (ko ne može da kupi gi (kimono) može da vežba u najjeftinijoj trenerci ili u farmerkama) ili dodatnu opremu (za vežbanje tehnika i kata nije potrebno ništa drugo osim sile gravitacije i kiseonika). Ako ne postoji dodžo (sala za vežbanje), karate može da se vežba napolju. Sećam se šta se 1995. godine desilo mojim učenicima iz Padinske skele. Za one koji to ne znaju, Padinska skela je naselje u okolini Beograda. Jedan od mojih najboljih prijatelja Dragan Veličković i ja osnovali smo karate sekciju i držali časove karatea u fiskulturnoj sali Osnovne škole "Olga Petrov". Sekcija je imala više od 120 članova, uglavnom dece između 9 i 15 godina starosti. Jednog dana, početkom decembra, škola nas je obavestila da više ne možemo da koristimo njihovu salu za održavanje časova karatea. Razlog za ovakav potez bio je naša politička nepodobnost, odnosno želja uprave škole da se naši termini dodele karate treneru koji je imao političke veze s partijom koja je u to vreme bila na vlasti u Srbiji. Kao učitelji karatea, znali smo da je naša obaveza da našim učenicima pokažemo da živimo po principima kojima smo ih učili. Jedan od tih principa je da, kada se pojavi problem, odmah moramo da razmišljamo o soluciji umesto da analiziramo razloge zbog kojih smo došli u takvu situaciju. Tako smo i uradili: deci i njihovim roditeljima smo objasnili da ćemo od narednog dana vežbati na školskom poligonu iza fiskulturne sale i da će se treninzi održavati bez obzira na vremenske uslove. Sledeća četiri meseca, dok nismo uspeli da obezbedimo korišćenje sale u domu kulture, treninzi su se održavali po hladnoći, snegu, kiši, vetru i često po mraku. Jedino osvetljenje koje smo imali, dolazilo je iz tople i prazne fiskulturne sale u kojoj je novi trener karatea očekivao moje i Draganove učenike. Ali našim učenicima nikada nije bilo dovoljno hladno, niti su ikada bili dovoljno promrzli da bi napustili svoje učitelje samo zato što im je neko drugi nudio trening u toplom i osvetljenom prostoru.

Istina je da svi ne mogu biti trenirani na isti način, ali zato svako može biti treniran na drugačiji način. Neko kao ja, kome je karate od samog početka postao način života, veruje da od karatea dobijaju najviše oni koji ne koriste principe karatea samo dok vežbaju, već koji koriste iste principe i u svakodnevnom životu. Svako je, međutim, drugačiji i svako ima različite ciljeve i ja nemam nikakvo pravo da donosim sud o ljudima u odnosu na to da li neko vežba karate na isti način na koji ga ja vežbam, ili na neki drugi način. Ako želimo da karate nastavi da živi i da se širi, moramo da shvatimo da ne postoji pravi ili pogrešan pristup treningu karatea. Svaki pristup karateu je dobar pristup karateu.

Goran Lozo

Na seminaru Torua Arakave 1983. godine. Arakava sensei (rođen 1932. godine) jedan je od najvećih majstora Wado Ryu stila karatea u istoriji. Sedamdesetih godina prošlog veka, u staroj Jugoslaviji stvorena je atmosfera u kojoj je Šotokan stil karatea bio favorizovan u odnosu na ostale stilove. Takav pristup je bio pogrešan i neopravdan. Svi karate stilovi su potekli iz istog izvora i svaki karate stil, uključujući Šotokan, ima svoje prednosti i svoja ograničenja. Upoznavanje specifičnosti drugih karate stilova omogućava sticanje novih znanja i dublje razumevanje suštine karatea.

Karate Džicu: veština realnog borenja

Stari okinavljanski učitelji karatea verovali su da je karate džicu nastao u šestom veku nove ere u manastiru Šaolin u Kineskoj provinciji Honan i da ga je kreirao indijski budistički monah po imenu Bodidarma. Bodidarma je bio princ, treći sin kralja koji je vladao regionom koji je danas deo južnog dela Indije. Po smrti svog učitelja Budizma čije ime je bilo Pradžnatara, Bodidarma je otišao u Kinu i počeo da podučava Budizam u Šaolin manastiru. Kada je shvatio da su fizičke sposobnosti monaha na toliko niskom nivou da nisu bili u stanju da se koncentrišu na meditaciju i da izdrže dugo sedenje u meditativnim pozama, Bodidarma je kreirao sistem od 18 vežbi pod imenom *Lohanovih 18 ruku* kojima je počeo da podučava Šaolinske monahe. Lohan je kineski prevod indijske reči Arahant, korišćene u budizmu, koja znači "onaj koji je dostigao prosvetljenje". Ubrzo po početku vežbanja Lohanovih 18 ruku, monasi su primetili da su postali snažniji, da im se zdravlje poboljšalo i da su bili u stanju da izdrže dugotrajne meditacije. Iako Bodidarmin cilj nije bio da monahe uči veštini borenja, zabeleženo je da su pedesetak godina nakon njegove smrti neke tehnike iz Lohanovih 18 ruku upotrebljene u pravoj borbi na život i smrt. Naime, grupa bandita je napala manastir Šaolin i ubila mnogo monaha. Priča kaže da je jedan od monaha, koji im je pružio otpor uspeo da ubije nekoliko napadača i da su ostali, kad su videli šta se desilo drugim banditima, počeli da beže. To je bio prvi zabeleženi slučaj upotrebe Lohanovih 18 ruku u borbi i taj borilački sistem je dobio novo ime: Šaolin Quanfa odnosno Šorinđi Kenpo na japanskom. Ne postoje pouzdani izvori koji mogu da nam kažu šta se dešavalo sa Šaolin Quanfa u sledećim vekovima, ali je sigurno da je ta veština stigla do ostrva Okinava. U svojoj knjizi Karate Kenpo: Umetnost samoodbrane, Kenva Mabuni je napisao da veruje da je

Kenpo stigao na Okinavu tokom 14. veka u vreme Nanboku Čo perioda. U sledećem veku, 1477. godine, nakon procesa centralizacije vlade, okinavljanski kralj Šo Šin je uspostavio zabranu nošenja oružja i to je učinilo da stanovnici Okinave počnu da vežbaju kenpo na način koji bi im pomogao da se efikasno odbrane od potencijalnih napadača. Još brži napredak u pravcu razvijanja efikasnosti kenpoa kao veštine samoodbrane, otpočeo je 1609. godine kada je Šimazu klan, koji je tada vladao okinavljanskim Sacuma regionom, ponovo uveo zabranu nošenja oružja. Šimazu klan bio je poznat po brutalnosti koju su ispoljavali prema svima koji su po njihovom mišljenju predstavljali opasnost za njihovu vladavinu, od hrišćanskih misionara do ostrvljana koji su posedovali oružje. Karate je morao da se vežba u tajnosti i vežbao se samo s jednim ciljem: da telo postane oružje kojim može da se ubije napadač.

Tokom devetnaestog veka, u cilju razvijanja efikasnosti karatea i drugih borilačkih veština, mnogi borci na Okinavi često su izazivali druge borce na ulične dvoboje. Većina dostupnih istorijskih izvora sugerišu da ti sukobi nisu imali nikakva pravila i da su često bili izuzetno brutalni. Jedan od najznačajnijih učitelja karatea iz tog vremena i čovek koji je imao ogroman uticaj na razvoj efikasnosti karate tehnika bio je legendarni Čoki Motobu. Veruje se da je Čoki Motobu učestvovao u više od 100 uličnih sukoba i da je poražen samo jednom ili dva puta, i to u svojim mlađim danima. Mnogi savremenici su ga se plašili, mnogi ga nisu voleli, ali ga je većina izuzetno uvažavala. Bio je uvažavan ne samo zato što je bio plemićkog porekla i zato što je u privatnom životu bio vrlo prijatna i ljubazna osoba, već i zato što je bio vizionar i inovator kada su u pitanju bile tehnike i strategije borenja protiv jednog ili više protivnika. Mnogi učitelji tog vremena su prihvatali Motobuova iskustva i ugrađivali ih u učenja svojih škola karatea. Da Čoki Motobu nije testirao

Čoki Motobu (1870 – 1944), u sredini, legendarni okinavljanski učitelj i borac, karate vizionar i inovator

efikasnost karatea u pravim i često krvavim uličnim sukobima, moguće je da bi moderni karate izgledao potpuno drugačije nego što trenutno izgleda. Za Čokija Motobua je vezana i jedna istinita i dokumentovana priča koja je u Japanu probudila interesovanje za karate više nego bilo koji drugi događaj iz tog vremena. Događaj se desio 1922. godine u Osaki gde se održavala egzibicija borilačkih veština. Mečevi u ringu izmedju ruskog boksera Džordža (tako je boksera imenovao novinar King magazina), koji je bio visok oko 180 santimetara, i džudo i džiu džicu boraca bio je glavna atrakcija egzibicije. Ruski bokser je s lakoćom pobeđivao sve protivnike, uglavnom nokautima, dok se za meč s njim nije prijavio Čoki Motobu. Motobu je bio visok samo 162 centimetra i tada je imao 52 godine. Po novinskom izveštaju, bokser je probao da probije Motobuov gard s nekoliko brzih kombinacija, ali nije uspeo ni da dotakne Motobuovu glavu. Posle nekoliko minuta Motobu je, koristeći svoje ogromno iskustvo i znanje, pronašao pravi trenutak i distancu i nokautirao Džordža udarcem dlanom (Šotei Uči) između gornje usne i nosa. Novinar je napisao da je Džordž pao na zemlju kao pokošen.

Kada su se krajem devetnaestog i početkom dvadesetog veka političke prilike u Japanu promenile, karate je najzad počeo da izlazi iz tajnosti. Anko Itosu, kojeg mnogi smatraju pravim ocem modernog karate, a ne Gičina Funakošija, 1908. godine je napisao pismo japanskim ministrastvima rata i edukacije koje je naslovio "Deset Karate Zapovesti". Itosu je napisao pismo u nameri da ubedi japanske vlasti da uvedu karate kao obavezni predmet u osnovne škole. U tih deset zapovesti Itosu je napisao da oni koji vežbaju karate, svoje ruke i noge koriste kao koplja i da su u stanju da odbrane svoju porodicu ili gospodara od napadača. On je u pismu takođe tvrdio da je karate toliko efikasan, da jedna osoba koja vežba karate može da pobedi deset napadača. Dalje, Itosu je sugerisao da će od uvođenja karatea u osnovne škole korist imati ne samo japanska nacija, već i japanska vojska.

Proučavanjem istorijskih izvora dolazi se do zaključka da je od kraja petnaestog veka, a naročito posle 1609. godine, pa sve do prvih decenija dvadesetog veka, svrha karatea bila razvijanje sposobnosti ubijanja ili onesposobljavanja napadača. Iako brutalan u krajnjem cilju vežbanja tehnike, svrha karatea uvek je bila samoodbrana. U želji da se japanska javnost upozna s karateom, koji je stotinama godina vežban u najvećoj tajnosti i zbog toga bio potpuna nepoznanica za sve koji su živeli van Okinave, Gičin Funakoši, Čojun Mijagi, Kenva Mabuni i ostali učitelji tog vremena počeli su da humanizuju karate i da ga u tom novom, mnogo prihvatljivijem obliku za većinu stanovništva, prikazuju javnosti. Redefinisana filozofija karatea je insistirala na tome da je glavni cilj karatea usavršavanje ljudskog karaktera, a ne ubijanje u cilju samoodbrane.

Vežbanje karatea kao veštine realnog borenja zahteva potpuno drugačiji pristup treningu, nego što to zahteva sportsko takmičenje. U sportskom takmičenju važno je osvojiti poen. Da li bi tehnika kojom je poen osvojen zaista bila efikasna u borbi na život i smrt, potpuno je nevažno. Kada se karate vežba isključivo kao sport, takmičaru je potrebno da zna samo kakve su karate sposobnosti njegovog protivnika. Za upotrebu karatea u realnoj situaciji, potrebno je poznavati prednosti i slabosti drugih borilačkih sistema. U takmičenju, sportisti se sreću sa strahom od neuspeha, dok se u borbi na život i smrt, borci sreću sa strahom da mogu da izgube život ili da budu teško povređeni.

Borba na život i smrt nema ni jednu jedinu dodirnu tačku sa sportskim takmičenjem. Iz razgovora s mnogim karatistima shvatio sam da mnogo njih intelektualizuju sličnosti izmedju sportske i realne borbe i da im je teško da

Tako se vežbalo nekada: Čojun Miyagi (1888 – 1953), osnivač Godžu Ryu stila karatea, sa svojim učenicima na Okinavi, oko 1930. godine

prihvate činjenicu da je razlika izmedju borbe za poene i borbe za život ogromna. Oni koji ne vide tu razliku, ne vide je iz dva razloga. Prvi razlog je ponos. Mnogi vežbaju karate s ogromnom predanošću celog života i teško im je da zamisle da ne mogu da izađu kao pobednici iz bilo koje situacije. Drugi razlog je nepostojanje iskustva u borbi za sopstveni život. Naravno, za ogromnu većinu svetske populacije to je izuzetno retko iskustvo i ja sam srećan što je to tako. Ali, takođe, srećan sam što me je život više puta stavio u situacije u kojima nisam bio siguran da li ću u sledećem trenutku biti živ, i još sam srećniji što sam imao sreću da preživim takve situacije. Te situacije su me naučile da se pred mogućnošću skorog umiranja i ljudski duh i ljudsko telo ponašaju potpuno drugačije, nego pred mogućnošću gubitka meča na bilo kojem karate šampionatu.

Na letu iz Los Anđelesa u Njujork, 1995. godine
Napred: Aco Ćirović, Vladimir Jorga
Pozadi: Goran Lozo, Miodrag Zarić.

Karate-Do: način života i životna filozofija

Karate trening nije lak. Vežbati svakog dana u nedelji, svake nedelje u mesecu, svakog meseca u godini i vežbati tako godinama i decenijama, zahteva neverovatnu snagu volje, fizičku izdržljivost, toleranciju na fizički i mentalni bol, neverovatno visok nivo motivacije, ogromnu želju za učenjem, novim saznanjima i neprestanim usavršavanjem. Postoji mnogo vežbača karatea koji sebe izlažu konstantnom dugogodišnjem treningu i koji godinama demonstriraju ogromnu želju za učenjem i usavršavanjem. Međutim, često se dešava da ti isti ljudi koji su postigli mnogo u polju karatea, nisu uspeli da postignu ništa značajno u drugim važnim oblastima života kao što su porodica, obrazovanje ili biznis. Mnogi će se zapitati kako je moguće da je neko uspešan u karateu, a da mu ništa drugo ne ide od ruke. Odgovor na to pitanje je jednostavan: sve principe koje su koristili da bi dostigli visok nivo u karateu, nisu koristili u drugim oblastima ličnog života. Kao i za uspeh u karateu, tako je i u porodičnom, akademskom i profesionalnom životu, neophodno imati generalni cilj i mnogo specifičnih ciljeva. Kada je u pitanju porodični život, primer generalnog cilja bio bi da se izgradi stabilna porodica, a specifični ciljevi bi bili da deca budu vaspitana u tradicionalnom sistemu vrednosti, da budu odlični učenici i da se ne bave kriminalom. Kada je u pitanju akademski uspeh, generalni cilj bi bio da se završi fakultet, a specifični cilj bi bio da se fakultet završi s prosekom većim od 9.00. U biznis aspektu života, generalni cilj bi bio otvaranje karate šlole, a specifični cilj bi bio ostvarenje godišnjeg profita od 30,000 evra. Da bi se u svim ovim oblastima života dostigli generalni i specifični ciljevi, potrebno je svakom pojedinačnom cilju biti posvećen na isti način na koji je neko posvećen dostizanju cilja u karateu. To znači da je neophodno biti spreman na

**Monografija Sportskog društva *Crvena zvezda*
povodom 50 godina postojanja**

ЕВРОПСКА ПРВЕНСТВА

1972. — Илија Јорга, две бронзане медаље.
1975. — Драгослав Божовић, сребрна медаља.
1976. — Илија Јорга, златна медаља. Илија Јорга, сребрна медаља. Драгослав Божовић, златна медаља. Драгослав Божовић, сребрна медаља, Драгослав Божовић, бронзана медаља, Зоран Кристић, златна медаља, Бојана Шумоња, сребрна медаља, Бојана Шумоња, бронзана медаља, Зорана Којић, сребрна медаља
1977. — Илија Јорга, сребрна медаља, Зорана Којић, сребрна медаља, Бојана Шумоња, две сребрне медаље
1978. — Илија Јорга, две златне медаље, Драгослав Божовић, златна медаља, Тома Обрадовић, златна медаља, Радомир Радуловић, златна медаља, Бојана Шумоња, две златне медаље, Зорана Којић, златна медаља
1979. — Илија Јорга, златна медаља, Тома Обрадовић, сребрна медаља, Бојана Шумоња, златна медаља, Бојана Шумоња, сребрна медаља, Зорана Којић, златна медаља
1980. — Илија Јорга, златна медаља, Бојана Шумоња, бронзана медаља, Зорана Којић, бронзана медаља
1981. — Бојана Шумоња, златна медаља
1982. — Бојана Шумоња, бронзана медаља, Оливер Томић, сребрна медаља
1983. — Гордана Весковић, златна медаља
1987. — Ацо Ћировић, бронзана медаља
1991. — Гордана Весковић, сребрна медаља, Светлана Павловић, сребрна медаља
1992. — Гордана Весковић, сребрна медаља
1994. — Душица Јанковић, бронзана медаља, јуниорке

ЕВРОПСКИ КУПОВИ

1987. — Ацо Ћировић, златна медаља
1989. — Ацо Ћировић, златна медаља

САСТАВИ ЕКИПА КОЈЕ СУ ОСВАЈАЛЕ МЕЂУНАРОДНЕ ТУРНИРЕ

1980—1984:
Оливер Томић, Мирослав Јоксимовић, Ацо Ћировић, Драгослав Стојковић, Милош

Глумац, Раде Ћоковић, Ратко Ронић, Ракица Радуловић;

1984—1987:
Ацо Ћировић, Илија Глумац, Влада Дракулић, Маринко Бабић, Драгослав Стојковић, Никола Шкеровић, Душко Сопчић, Мирослав Јоксимовић, Бане Милчић, Милорад Марјановић;

1987—1994:
Ацо Ћировић, Илија Глумац, Влада Дракулић, Маринко Бабић, Горан Лозо, Милорад Марјановић, Игор Врелко, Дејан Гајић, Мирсад Ризвановић, Бранислав Милићевић

РЕПРЕЗЕНТАТИВЦИ

Илија Јорга, Љиљана Ћурић, Бојана Шумоња, Јадранка Младеновић, Гордана Весковић, Оливија Хоњак, Средко Јовановић, Томислав Обрадовић, Драгослав Божовић, Оливер Вукоман Томић, Радомир Радуловић, Лизавус Ђунда, Зоран Кристић, Ацо Ћировић (ИТКФ), Тања Петровић, Светлана Павловић (ИТКФ), Драгослав Стојковић (ИТКФ), Илија Глумац (ИТКФ), Горан Лозо (ИТКФ), Душица Јанковић (ИТКФ)

ТРЕНЕРИ

Илија Јорга, Ацо Ћировић, Зоран Камповић, Бојана Шумоња, Гордана Весковић, Мики Марјановић, Марко Мајкић.

САВЕЗНИ КАПИТЕН

Илија Јорга, 1968—1983.

ПРВА УПРАВА

Љубивоје Рашумовић, Илија Јорга, Ерем Хрвановић.

ПРЕДСЕДНИЦИ

Љубивоје Рашумовић, 1972—1983, Богдан Тамнмџић, 1983—1988, Његош Ћуковић 1988—

СЕКРЕТАРИ

Сенка Ћуковић, Јелена Драгин, Драгица Марковић, Александар Ћиоки, Његош Ћуковић, др Радмила Богојевић, Бригита Бошњак, Марко Мајкић.

ПРИЗНАЊА

1979. — Бојана Шумоња, Мајска награда СОФК Србије
1982. — Илија Јорга, Мајска награда СОФК Србије.

Moje ime u monografiji SD Crvena zvezda jedna je od mojih najdražih sportskih uspomena (u rubrikama "Sastavi ekipa koji su osvajali međunarodne turnire (1987-1994)" i "Reprezentativci"). Za nekoga kao ja, ko za Crvenu zvezdu navija od malih nogu, ovo nije samo izuzetno priznanje već i ostvarenje dečačkog sna.

ogromne napore i ogromna odricanja, na razočaranja i bol, na padove i preispitivanja. Kao što se u treningu karatea nikada ne pitamo da li naše dugogodišnje naporno i bolno vežbanje ima smisla, i kao što na putu usavršavanja karatea ignorišemo sve teškoće, na isti način moramo da pristupimo građenju naše porodice, dostizanju višeg obrazovnog nivoa i postizanju profesionalnog uspeha. I kao što u karateu za naše teškoće i neuspehe nikada ne tražimo opravdanje u okolnostima i drugim ljudima, već pokušavamo da nađemo šta je to što možemo da popravimo u nama samima, isto tako i u svim drugim važnim segmentima života treba da prestanemo da tražimo opravdanja za naše neuspehe i da verujemo da u nama samima imamo sve što nam je potrebno da postignemo sve što hoćemo, bez obzira na to šta se dešava oko nas, bilo da se tu radi o društvu, ekonomiji, politici ili o bilo čemu drugom.

Na karate turniru u Vrhnici, Slovenija (s leva na desno): Predrag Dajić, Ilija Glumac, Vladimir Jorga, Miodrag Zarić, Goran Lozo

Karate kao sportska disciplina: pozitivne posledice

Gičin Funakoši je do same smrti 1957. godine bio protiv toga da karate postane sport. To ne mora da znači da nije verovao da sportska takmičenja mogu da pomognu razvoju karatea. U svojoj knjizi "Misterije Šotokana" autor Kousaku Yokota izneo je pretpostavku da je time što je odbijao da dozvoli da Japanska Karate Asocijacija organizuje karate takmičenja, Funakoši hteo da pokaže drugim karate učiteljima s Okinave da je ostao veran tradicionalnoj filozofiji da je najviši cilj karatea postizanje perfekcije karaktera. Veliki broj okinavljanskih učitelja se nije slagao s naglom ekspanzijom karatea, što je sasvim razumljivo. Stotinama godina unazad karate je prenošen i

Reprezentacija Jugoslavije na ITKF prvenstvu sveta 1995. godine, Trevizo, Italija. S leva na desno: Nataša Popović (nosilac zastave), Goran Lozo, Duško Sopčić, neimenovani član delegacije karate saveza, Zoran Lapčević, Aco Ćirović (kapiten)

učen samo usmeno i kroz pamćenje tehnika i kata. Karate se vežbao u tajnosti i zbog toga ne postoje nikakvi pisani izvori koji bi mogli da nam daju više detalja o originalnim tehnikama i katama. Razlog za to bio je zabrana vežbanja karatea na Okinavi od strane japanskih vlasti. Kada su se političke okolnosti promenile i kada je zabrana vežbanja karatea ukinuta, nepisana tradicija čuvanja tajni karatea nije mogla da nestane preko noći. Prvo je Funakošijev učitelj Itosu počeo da se zalaže za učenje karatea u školama pa je posle njega Funakoši počeo da drži karate demonstracije i da objavljuje knjige na temu karatea, tako da nije nelogično pomisliti da su okinavljanski učitelji prema Funakošiju bili vrlo kritični. Šta god da je prava istina, činjenica je da je prvo prvenstvo Japana u karateu održano iste godine u kojoj je Gičin Funakoši umro.

Pitanje kojim se mnogi iz sveta karatea danas bave je da li je i koliko karate izgubio zato što je od veštine samoodbrane i životne filozofije postao sportska disciplina. Iako pitanje zvuči jednostavno, odgovor je kompleksan. Svako ko iza sebe ima godine životnog iskustva, zna da ništa nije samo crno ili samo belo. Ponekad moramo nečega da se odreknemo da bismo kasnije dobili nešto drugo ili nešto bolje. Kada se pogleda period od 1957. godine kada je karate zvanično postao sport, pa do današnjih dana, ja nemam nikakvu sumnju da je karate više dobio, nego što je izgubio. Zahvaljujući popularizaciji i komercijalizaciji, koje je osmislio i sproveo u delo Masatoši Nakayama, karate se raširio na druge kontinente i stigao do skoro svih kutaka sveta. Da nije postao sport, karate bi verovatno ostao nepoznat desetinama miliona vežbača širom sveta, i po popularnosti bi bio na nivou veština kao što su kendo ili aikido.

Iako pravila sportske karate borbe ne odslikavaju ni približnu sliku realne borbe, zahvaljujući striktnim sportskim pravilima, nekoliko važnih elemenata borenja dovedeno je skoro do perfekcije: distanca, ravnoteža, pravovremenost i preciznost. Takođe, karate pravila primoravaju takmičare da kreiraju strategiju na osnovu sopstvenih i protivnikovih sposobnosti i ograničenja. U karate takmičenju ne može se koristiti veliki broj tehnika samoodbrane koje postoje u karate katama (laktovi, kolena, poluge...), ali zahvaljujući razvijenim elementima borenja koje sam naveo, oni koji po završetku sportske karijere žele da izučavaju i vežbaju karate kao efikasnu veštinu samoodbrane, neće imati veliki problem da svom repertoaru sportskih tehnika dodaju i veliki broj tehnika koje ne mogu da se koriste u sportskom meču.

Reprezentacija Jugoslavije na ITKF Prvenstvu Evrope 1997. godine, Bukurešt, Rumunija. Gornji red: Oliver Ivanović (sudija), Goran Lozo, Gagarin Maraš, Damir Mandić, Dragoljub Fatić, Vladimir Joković, Dragoslav Zeko Božović (selektor). Donji red: Rajko Vujošević (trener), Aco Ćirović (kapiten), Bane Dmitrović, Mijo Radunović

U tradicionalnom načinu vežbanja karatea, usavršavanje tehnika borenja i kata povezano je sa svakodnevnim, dugotrajnim i iscrpljujućim radom, sa konstantnom izloženošću mentalnom i fizičkom bolu i sa konstantnim unutrašnjim preispitivanjem o pravom smislu posvećenosti takvom načinu vežbanja. U dvadeset prvom veku taj princip dostizanja ciljeva nije popularan i za većinu ljudske populacije ne izgleda ni malo atraktivan. Od principa "polako ali sigurno" moderna društva su prihvatila princip "brzo i lako". Koliko god se meni i mojim istomišljenicima to ne sviđa, sportski karate ide u korak s modernim vremenima i na taj način održava vezu karatea s novim i sa generacijama koje dolaze. Zaštitna oprema u različitim bojama, takmičari koji umesto snažnog kimea ili kiaija upotrebljavaju vrištanje, takmičari u katama koji izlaze na borilište kao roboti i čije kate su estetski toliko savršene da mnogo više podsećaju na video igrice, nego na borbu sa zamišljenim protivnikom, sve to čini da je širom sveta interesovanje za karate i dalje na visokom nivou.

Zahvaljujući sportskim uspesima, mnogi karatisti su proputovali svet, upoznali nove kulture i tradicije, stekli saznanja koja ne mogu da se nauče u školi, došli u dodir s pripadnicima drugih rasa i religija, stekli nove prijatelje. Osobe s ovakvim iskustvima obično pokazuju mnogo veći nivo tolerancije prema onima koji su različiti od njih, nego oni koji nisu imali prilike da žive na takav način. Pre nego što je karate postao sport, vrlo mali broj ljudi je putovao svetom zahvaljujući karateu i to su uglavnom bili japanski karate instruktori. Zbog svega ovoga što karate donosi karate sportistima, svet je bolje mesto za život nego što bi inače bio.

Karate je jedini ili dodatni izvor zarade desetinama hiljada karate trenera i takmičara. U celom svetu, mnogi karatisti uspevaju da sastave kraj s krajem samo zahvaljujući karateu. Mnogi su postali vlasnici karate škola ili klubova, mnogi su često nagrađivani za svoje uspehe od sponzora, lokalnih vlada ili svojih država. Mnogi karatisti su od karatea napravili biznis i postali deo srednje ili visoke ekonomske klase. Sve ovo bilo bi nemoguće da karate nije postao sport.

Bez transformacije karatea u sport, metodologija treninga karatea bi verovatno ostala slična metodologiji koja je upražnjavana pre nego što je karate postao sportska disciplina. Zahvaljujici masovnosti koju je karate dostigao na globalnom nivou, mnogi su videli potrebu za praćenjem trenažnih trendova u drugim sportovima. Tako su u karateu počela da se koriste naučna saznanja koja su doprinela da trenažni proces bude racionalniji i efikasniji. Naučna saznanja iz oblasti sportske medicine, sportske ishrane i sportskog oporavka, doprinela su smanjenju rizika od povreda i ubrzanju procesa rehabilitacije povređenih sportista.

Sigurno je da ovo nisu jedine dobre stvari koje su se desile zahvaljujući tome što je karate postao sport, ali su po mom mišljenju najvažnije.

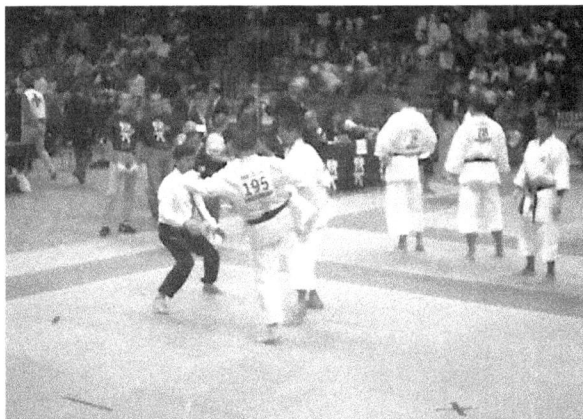

Ja (broj 195) tokom ekipnog meča osmine finala ITKF prvenstva sveta 1994. godine u Italiji. Jugoslavija je pobedila Venecuelu rezultatom 3:0 i plasirala se u četvrtfinale svetskog prvenstva.

21

Goran Lozo

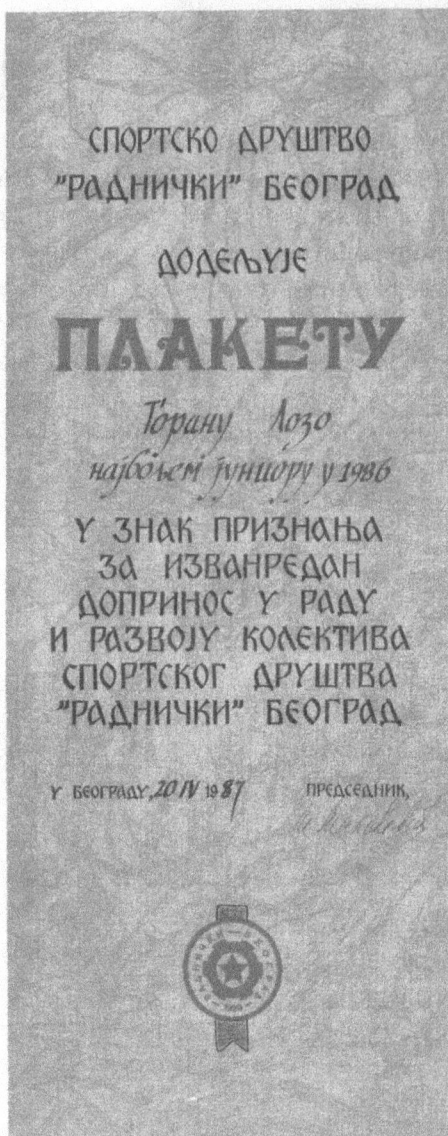

Najbolji junior Sportskog društva *Radnički* 1986. godine

Prvo JKA (Japanska Karate Asocijacija) prvenstvo Jugoslavije 1995. godine, Kruševac, Srbija: prvo mesto

ITKF Svetsko prvenstvo 1994. godine, Trevizo, Italija, (s leva na desno): Goran Lozo, član reprezentacije Francuske, Aco Ćirović

23

Prvenstvo Evrope u Torinu, Italija, 1993. godine, sankcije Ujedinjenih nacija protiv tadašnje Jugoslavije bile su demonstracija nekompetentnosti svetske i evropske političke zajednice. Umesto da se takmičimo pod imenom naše zemlje i da nosimo naš grb i zastavu, bili smo primorani da se takmičimo kao "Independent" (nezavisni) tim i bilo nam je zabranjeno da na kimonima i trenerkama nosimo državni grb. Ta zabrana se odnosila na sve sportove, i sve međunarodne sportske federacije su se striktno pridržavale ove diskriminatorne politike.

Karate kao sportska disciplina: negativne posledice

Kroz istoriju, dva aspekta karatea su se konstantno preplitala, sve do trenutka kada je karate postao sportska disciplina. Prvi aspekt bio je razvoj sposobnosti odbrane od jednog ili više napadača, naoružanih i nenaoružanih. Drugi aspekt je bio dovođenje u sklad uma i tela, odnosno duhovnog i fizičkog. Fokus starih karate učitelja na razvoj upravo ova dva aspekta ustvari je učinio da se karate iz primitivnog i nepotpunog načina borenja transformiše u kompletan i sofisticiran borilački sistem. Očigledno je da su danas i jedan i drugi aspekt zanemareni.

Karate u modernom obliku ograničava sposobnost vežbača da se suprostave protivnicima koji se bave drugim borilačkim disciplinama. Kada sam ovo mišljenje iznosio u diskusijama s drugim karatekama, koji se kao i ja karateom bave decenijama, neki od njih su izrazili neslaganje s mojim razmišljanjem. Njihovu poziciju u ovom pitanju svakako razumem, ali način njihovog razmišljanja mogu da objasnim time što znam da većina od njih nikada nije imala priliku da se bori protiv majstora džudoa ili džiu džice, protiv rvača grčko-rimskim ili slobodnim stilom, amaterskog ili profesionalnog boksera ili muaj-tai boksera. Čak je i kyokušinkai karate, poznat po pravilima koja dozvoljavaju udarce bez kontrole, potpuno nerealan zato što pravila zabranjuju udarce rukom u glavu. Svako, ko je ikada učestvovao u pravom fizičkom sukobu zna da se takvi sukobi najčešce odvijaju na vrlo bliskoj distanci. Oni koji su se upustili u ovakve borbe, makar samo i u treningu, razumeju da je realna borba dramatično različita od borbe prema sportskim pravilima. Karatisti imaju na raspolaganju sve tehnike potrebne da bi bili superiorniji od boraca iz drugih borilačkih stilova, ali, da bi znali kako da te tehnike upotrebljavaju na svrsishodan i efektan način, moraju da se stave u situacije u kojima se nikada neće naći na sportskom borilištu. Čak je i Nikola Tesla, najgenijalniji naučnik i pronalazač koji je ikada živeo, proveravao svoje teorije u praksi. Niti bi general smeo da pošalje svoju vojsku u bitku pre nego što stekne saznanja o jakim i slabim stranama neprijatelja, niti bi vežbač karatea smeo sebi da dozvoli da teoretiše o strategiji borenja bez razumevanja karakteristika drugih borilačkih stilova.

Kate pružaju odgovore na sve realne situacije. To su verovali svi stari majstori i u to su verovali skoro svi majstori u vreme kada je karate postao sport. To je nešto u šta danas veruje vrlo mali broj karate vežbača. Čak je i Čoki Motobu, karate učitelj koji je propagirao trening karatea skoro isključivo za upotrebu u realnom sukobu i koji je bio poznat po učešću u mnogim uličnim borbama, bazirao svoj trening na vežbanju kate i na uvežbavanju karate tehnika na makivari. Kata je u to vreme, i sa mentalnog i sa fizičkog aspekta zaista bila borba sa zamišljenim protivnicima, dok je kata danas uglavnom izvodjenje tehnika po određenom redosledu. Dva podjednako važna principa kate su bunkai i maai. O bunkaiju, stvarnom značenju određenih tehnika upotrebljavanih u katama, počelo se više pričati u poslednje vreme i mnogo više karate sportista razume značenje određenih tehnika, nego što ih je razumelo sedamdesetih, osamdesetih i devedesetih godina prošlog veka. Za pokret ili tehniku čije značenje nije bilo razumljivo u to vreme, govorilo se da su to "stilski pokreti". Razvoj informativne tehnologije i povezivanje ljudi sa svih strana sveta kroz društvene mreže, doprineli su lakšem pristupu informacijama i video demonstracijama karate tehnika. Karate od toga ima veliku korist. Medjutim, maai princip nije tako očigledan kao bunkai. Ko ne zna za maai princip, taj ne može ni da zna da maai u kati koju posmatra, ne postoji. Maai je princip napada ili odbrane s pravilne distance. Onaj ko vidi kako katu izvode, na primer, Hiroši

Širai, Mikio Yahara ili Masao Kagava shvatiće šta je maai.

Širai, Yahara, Kagava i mnogi drugi majstori iz njihovog doba ulazili su na borilište kao da su ulazili u kafanu, potpuno opušteno i puni samopouzdanja, klanjali se brzo i kratko i počinjali svoju katu. Katu su izvodili kao da se bore na život i smrt. Mogla se osetiti i snaga i energija. Danas, većina takmičara izlaze na borilište na mnogo dramatičniji način nego glumci u Šekspirovim tragedijama. Hodaju kao roboti, klanjaju se kao roboti, kate koje izvode izgledaju kao da su deo video igrice: svi elementi su prisutni, osim što u njihovim mislima nema zamišljenih protivnika i što u njihovim srcima nema borbe na život i smrt. Sve je usmereno na to da se zadovolje sudije koje takođe ne razumeju ili uopšte ne poznaju katu, i da se izazove efekat kod publike. Sportska takmičenja su imala razoran uticaj na vrednost karate kata. Na primer, u originalnim katama na Okinavi i kasnije u Japanu kiai se koristio vrlo retko i kiaiu se nije pridavalo previše pažnje. Tako je bilo sve do 1957. godine kada je umro Gičin Funakoši koji nikada, ni u jednoj od svojih knjiga, nije spomenuo kiai u kati. Te godine, nakon Funakošijeve smrti, Japanska karate asocijacija pod Nakayaminim rukovodstvom, organizovala je prvi karate šampionat Japana i tada je određeno da svaka kata ima dva kiaija. Iz perspektive borenja, ne postoji logično objašnjenje zašto su dva kiaija u svakoj kati tu gde jesu. Neko kaže da je kiai pridodat "smrtonosnim" tehnikama, ali sigurno je da to nije razlog zašto se drugi kiai u Heian Godan kati dešava tokom skoka. Neki od istoričara karatea veruju da je jedini razlog za uvođenje kiaija u katu bio dodatna dramatičnost u cilju povećanja interesovanja publike. Neki od japanskih istoričara karatea izneli su pretpostavku da je rukovodstvu Japanske karate federacije kiai izgledao neophodan zato što je kiai postojao u kendou, koji je krajem pedesetih godina prošlog veka bio mnogo poularniji od karatea i da su uvođenje kiaija videli kao način približavanja karatea

27

japanskom folkloru i kulturi.

Govoreći takmičarskom terminologijom, u prošlosti su se takmičenja u katama odvijala u apsolutnoj kategoriji, bez težinskih ili bilo kakvih drugih limita. Danas, sudijski kriterijumi su toliko neadekvatni i sudije su toliko nekompetentne da takmičari krupnije konstitucije nemaju nikakve šanse da dođu do finala takmičenja u katama ili da osvoje neku od medalja, bez obzira na to koliko je njihova kata u skladu s originalnom idejom kate. Govoreći o sudijskim kriterijumima, prilično sam siguran da kada bi Širai, Yahara ili Kagava u svojoj najboljoj formi učestvovali na današnjim šampionatima, ne bi uspeli da zadovolje kriterijume danasnjih kata sudija.

Gičin Funakoši je kazao da je najvažniji cilj karatea usavršavanje sopstvenog karaktera. Do tog cilja se stizalo tako što karate trening nije prestajao onog trenutka kad se napuštao dodžo već se od učenika očekivalo da će principe karatea primenjivati u svakodnevnom životu, privatnom i profesionalnom. Današnji sportski karate je postao kao svaki drugi sport, ne čini ništa ili čini vrlo malo na stvaranju harmonije izmedju duha i tela karate sportiste.

Karate kao rekreativna aktivnost

Ne postoji mnogo fizičkih aktivnosti koje u isto vreme mogu da donesu toliko koristi jednoj osobi koliko to može karate. Kao prvo, veliki broj rekreativnih aktivnosti diskriminiše osobe koje nemaju urođene fizičke predispozicije ili ekonomske mogućnosti da finansiraju bavljenje sportskom aktivnošću kojom bi hteli da se bave. Karate je od onih aktivnosti koje ne diskriminišu. Niti zahteva skupu opremu, niti mora da se vežba u posebnom prostoru. Karate može da se vežba unutra ili napolju, bos ili obuven, u kimonu ili u pantalonama. Mogu da ga vežbaju muškarci i žene, mladi i stari. Kao drugo, većina sportova razvija samo određene fizičke karakteristike i vrlo retko utiču na razvoj mentalnih sposobnosti, dok vežbanje karatea doprinosi razvoju svih važnih fizičkih osobina i mentalnih sposobnosti.

Fizičke osobine koje se razvijaju treningom karatea:

- Mišićna snaga
- Mišićna moć
- Mišićna izdržljivost
- Sposobnost kardiovaskularnog sistema
- Brzina
- Okretnost
- Fleksibilnost
- Koordinacija
- Ravnoteža
- Preciznost

Psihiološke i socijalne osobine i funkcije koje se razvijaju treningom karatea:

- Koncentracija

- Pamćenje
- Imaginacija
- Motivacija
- Lična disciplina
- Društvenost

Karate kao rekreativna aktivnost mnogo je manje zahtevan, nego karate kao profesionalna sportska aktivnost. Ciljevi rekreativaca su manje ambiciozni i stresni, i rekreativci nisu ograničeni vremenskim okvirima u kojima specifični cilj mora da se postigne. Takodje, rizik od povreda je neuporedivo manji u rekreativnom bavljenju karateom. I pored toga, redovno rekreativno vežbanje karatea dovešće do značajnog poboljšanja svih osnovnih fizičkih i psiholoških osobina. Vrlo je važno razumeti da rekreativni sportisti, ako žele da ostvare svoje lične ciljeve zbog kojih su počeli da vežbaju karate, moraju da koriste metodologiju treninga vrlo sličnu onoj metodologiji koju koriste profesionalni sportisti. Metodologija treninga podrazumeva principe planiranja i egzekucije planiranog rada. Dakle, sličnost je u metodologiji, dok se razlika izmedju ova dva pristupa karateu nalazi u obimu, intenzitetu i frekfenciji treninga. Dok profesionalci treniraju četiri do šest sati dnevno, rekreativci vežbaju četiri do šest sati nedeljno. Bez obzira na drugačije ciljeve, obim, intenzitet i frekfenciju treninga, i jedna i druga grupa će podići svoje sposobnosti na značajno viši nivo u odnosu na nivo koji su imali pre početka karate treninga. U sledećem delu ovog teksta su navedene definicije osnovnih fizičkih osobina i način na koji bavljenje karateom poboljšava te osobine.

- **Mišićna snaga** je sposobnost jednog ili više mišića da proizvedu silu kojom će savladati otpor. Karate tehnika omogućava angažovanje kompletnog mišićnog sistema. Izvođenje i ponavljanje tehnika u karate stavovima će neminovno dovesti do razvoja snage nožnih mišića. Efikasna karate tehnika se bazira na upotrebi celog tela, tako da ni najprostiji udarac rukom ne može da se izvede pravilno, ako u taj udarac nisu uključeni mišići nogu, stomaka, ledja, ramena, i ruku. Takođe, deo svakog karate treninga je razvoj snage svih grupa mišica i za to se koriste mnoge vrlo specifične i efikasne vežbe koje ne ugrožavaju sigurnost i zdravlje vežbača.

- **Mišićna moć** je sposobnost mišića da proizvede maksimalnu silu u minimalnom vremenskom periodu. Bez obzira na to da li se tehnika izvodi kao deo kate, dogovorenog ili slobodnog sparinga, efikasnost te tehnike zavisi od sposobnosti mišića da proizvedu silu u kratkom vremenskom periodu. Karate trening je idealan za razvoj mišićne moći vežbača.
- **Mišićna izdržljivost** je sposobnost mišića da izvode rad tokom dužeg vremenskog perioda. Metodologija karate treninga podrazumeva neprestano ponavljanje tehnika i kata, što znači da su sve grupe mišića izložene dugotrajnom radu koji dovodi do povećanja izdržljivosti mišića.
- **Sposobnost kardiovaskularnog sistema** se odnosi na poboljšanu sposobnost raznošenja kiseonika do tkiva i ćelija. Najveći deo karate treninga odvija se u uslovima nedovoljnog prisustva kiseonika što ima direktan uticaj na poboljšanje ove sposobnosti.
- **Brzina** je sposobnost izvodjenja ponovljenih pokreta u minimalnom vremenskom periodu. Da bi bili efikasni, udarci rukama i nogama moraju da budu pravovremeni, snažni i brzi. Konstantni pokušaji da se tehnike izvedu maksimalnom brzinom će neizostavno dovesti do poboljšanja individualnih brzinskih sposobnosti vežbača.
- **Okretnost** je sposobnost promene pravca kretanja u

kratkom vremenskom periodu. Karate se bavi problemom odbrane od jednog ili više protivnika. I slobodni sparing i kata su idealni za razvoj okretnosti. U sparingu, protivnikove neočekivane akcije će naterati vežbača na brze i česte promene pravca kretanja. U kati, vežbač je prinuđen da konstantno menja pravac kretanja zato što u kati zamisljeni protivnik radi upravo ono što bi radio pravi protivnik.

- **Fleksibilnost** je sposobnost povećanja pokretljivosti bilo kojeg zgloba. Udarci nogama su kao dinamičko razgibavanje. Konstantno vežbanje nožnih udaraca neminovno će dovesti do poboljšanja pokretljivosti zglobova.

- **Koordinacija** je sposobnost usklađivanja više motoričkih radnji s namerom da se izvede kompleksnija motorička radnja. Kvalitet karate kombinacije zavisi od koordinacije. Oni koji počnu karate trening bez obzira na nerazvijenu koordinaciju, vrlo brzo će videti poboljšanje ove sposobnosti. To je zato što karate obuka uvek počinje od jednostavnih tehnika i radnji, a složenije tehnike i kombinacije se uvode postepeno i lagano.

- **Ravnoteža** je sposobnost kontrolisanja težišta tela. Vežbači karatea uče kako da pravilno pozicioniraju telo prilikom izvodjenja udaraca nogom u cilju održavanja stabilnosti.

- **Preciznost** je sposobnost usmeravanja pokreta ka specifičnom cilju. Karate udarac mora da bude upućen tamo gde protivnikova odbrana ne postoji.

Rekreativno bavljenje karateom može da dovede do značajnog unapređenja psiholoških i socijalnih osobina:

- **Koncentracija**: tokom izvođenja pojedinačnih tehnika ili kata neophodno je konstantno imati svest o prisustvu zamišljenog protivnika. Karate trening primorava vežbače da budu koncentrisani u relativno dugim vremenskim periodima. Posle dovoljno treninga pod takvim okolnostima, svako će primetiti da mu je sposobnost koncentracije unapređena.

- **Pamćenje**: karate kata se sastoji od većeg ili manjeg broja udaraca rukom i nogom, blokova, promena stavova, smera i pravaca kretanja. Pod takvim okolnostima vežbač je primoran da razmišlja logički i da pamti. Da kata značajno poboljšava pamćenje, znamo po tome što većina vežbača, kada prvi put uče katu, pravilno zapamte samo nekoliko prvih pokreta i posle svakog sledećeg ponavljanja u stanju su da pravilno izvedu sve duže segmente kate. Takođe, vežbanje prouzrokuje povećan dovod kiseonika i hranljivih materija do mozga što takođe ima značajan učinak na funkcionisanje mozga.
- **Imaginacija**: karate kata je borba protiv imaginarnog protivnika. Kata zahteva od vežbača da kreira imaginarne protivnike i situacije i po završetku kate vežbači se osećaju kao da su bili u nekom paralelnom svetu ili u nekoj drugoj dimenziji. Istraživanja vršena magnetnom rezonancom, dokazala su da ispitanici tokom procesa kreiranja imaginarnih likova pokazuju povećanu moždanu aktivnost u nekoliko različitih regija mozga. Takođe, korišćenje imaginacije u dnevnom životu ima pozitivan uticaj na ljudsku memoriju.
- **Motivacija**: vrlo brzo nakon početka karate treninga mnogi vežbači počinju da naslućuju svu lepotu karatea. To otkriće čini da vežbač oseća želju da vežba često i s entuzijazmom ne bi li uspeo da dopre do svih tajni karatea. Pored toga, sistem pojaseva koji označavaju nivo razumevanja i

sposobnosti primene karatea su izvanredna motivacija za one koji ne poseduju visok nivo unutrašnje motivacije.

- **Lična disciplina**: karate razvija individualizam, a individualizam utiče na razvoj osećaja lične odgovornosti za kvalitet sopstvenog života. Uspeh se ne postiže lenjošću već ličnom disciplinom.
- **Društvenost**: iako stimuliše individualizam, karate je aktivnost koja rezultira u poznanstvima, prijateljstvima, emotivnim vezama i brakovima. U vreme kada ljudi širom sveta žive pod ogromnim stresom i udaljavaju se od svojih prijatelja i izbegavaju druženja, karate sala je mesto gde mogu da se sretnu mnogi pozitivni i dobri ljudi. Biti u situaciji u kojoj ste skoro svakog dana okruženi pozitivnom energijom dobronamernih i emotivno stabilnih ljudi, može da donese mnogo više emotivnog rasterećenja nego alkohol, lekovi za smirenje ili droge.

S Dragoslavom Zekom Božovićem, selektorom reprezentacije Jugoslavije na prvenstvu Evrope u Bukureštu 1997. godine

Karate kao sredstvo regulisanja stresa

Uzroci stresa su različiti, ali kakva god da je priroda uzroka, stres je uvek odgovor organizma na određeni stresni dogadjaj ili situaciju. Reakcije na stres su različite, međutim, bez obzira na prirodu tih reakcija nivo stresa je moguće kontrolisati ili minimizovati. Danas, početkom dvadeset prvog veka, reč stres većinu ljudi asocira na neprijatne okolnosti povezane s ekonomskim ili emotivnim problemima.

Karate je izvanredno sredstvo za regulisanje nivoa stresa zato što razvija koncentraciju (sposobnost održavanja pažnje). Osobe, koje imaju sposobnost održavanja visokog nivoa pažnje, poseduju sposobnost eliminisanja svih destrukcija koje mogu da naruše tu pažnju. Posledica koncentracije na pozitivne aktivnosti je udaljavanje od izvora stresa, a to znači srećniji i produktivniji život. Deo karate treninga, koji ima najveći uticaj na razvoj koncentracije je vežbanje kata. Kata može da se nazove meditacijom u pokretu, a ono što omogućava da ta dinamična meditacija bude duboka i svrsishodna je pravilna tehnika disanja. U kati se konstantno smenjuju različiti tipovi disanja i svaki pojedinačni tip disanja potpuno odgovara akcijama koje telo sprovodi u odredjenom trenutku. U modernom svetu pravilno disanje je zaboravljena veština koja je ostala zabeležena u katama. U karate katama koristi se pet različitih načina disanja:

- Jusoku: dug udisaj - dug izdisaj
- Koja: dug udisaj - brz izdisaj
- Nogare: kratak udisaj - dug izdisaj
- Kokyu: kratak udisaj - kratak izdisaj
- Taisoku: dugo zadržavanje vazduha u plućima s istovremenom kontrakcijom svih mišića tela

Kata je takođe zahtevna fizička aktivnost koja podrazumeva angažovanje svih sistema u organizmu. Aktivacija svih sistema, izmedju ostalih pozitivnih efekata, dovodi do hemijskih procesa koje imaju pozitivan uticaj na rad mozga, što ima direktan uticaj na naše raspoloženje i na kontrolu nivoa stresa.

S Hirošijem Širaijem u Los Anđelesu, SAD, 1995. godine. Hiroši Širai (rođen 1937. godine), učenik Masatošija Nakayame i Hidetake Nišijame

<u>2</u> ITOSU I FUNAKOŠI

Goran Lozo

Deset karate zapovesti

Legenda i malobrojni istorijski podaci ukazuju na to da je karate nastao u Šaolin manastiru u Kini u petom ili šestom veku nove ere i da je taj primitivni oblik borenja kreirao budistički monah Bodidarma. Bilo je potrebno oko šest vekova da Šaolin Kenpo stigne od Kine do Ryukyu arhipelaga i Okinave. Okinavljani, iako su već imali svoje borilačke sisteme, izučavali su kenpo i prihvatili tehnike za koje su verovali da će unaprediti njihove borilačke veštine. Ta kombinacija kineskog kenpa i lokalnih borilačkih veština dovela je do nastanka borilačkog sistema koji je nazvan Tode odnosno Tode Džicu. Ubrzo po objedinjenju tri okinavljanska kraljevstva u jedno, Ryukyu kraljevstvo (1429. godine), kralj Šo Šin je 1477. godine zabranio stanovnicima kraljevstva nošenje oružja i vežbanje borilačkih veština. Ta zabrana je obnovljena 1609. godine kada je Okinava pala pod kontrolu japanskog Šimazu klana. Zbog brutalnosti njihovih vladara i kasnije japanskih okupatora, Okinavljani su počeli da vežbaju Tode Džicu u najvećoj tajnosti, najčešće noću, pod svetlošću mesečine ili sveća. Tode Jutsu je vežban u tajnosti više od četiri stotine godina, sve do samog početka dvadesetog veka.

Ime učitelja karatea koji je prvi izveo karate iz tajnosti i predstavio ga javnosti je Anko Itosu, učitelj Gičina Funakošija. Gičina Funakošija mnogi nazivaju ocem modernog karatea. U tom slučaju, Anko Itosu može bez ikakve sumnje da se nazove dedom modernog karatea. Učitelj Itosu je počeo da podučava karateu učenike Osnovne škole *Šuri Džinđo* 1901. Godine, a 1905. godine je držao časove karatea u dve škole: srednjoj školi *Dai Iči* i u okinavljanskoj državnoj Muškoj školi. Anko Itosu je imao želju da karate izađe izvan okvira Okinave i da se predstavi celokupnoj japanskoj javnosti. Iz tog razloga,

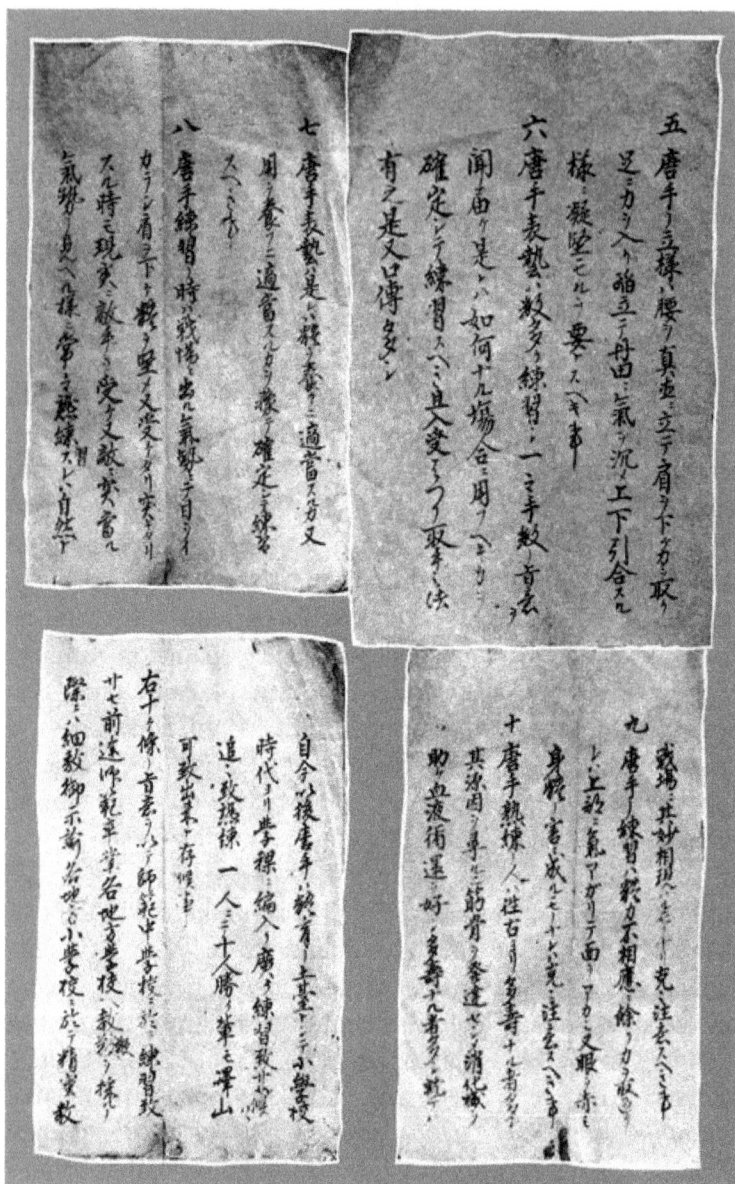

（藏生先茂長城花）　稿遣の生先恒安洲糸

Tode Jukun, kopija originalnog teksta Anka Itosua

učitelj Itosu je 1908. godine napisao svoje čuveno pismo koje je uputio japanskom ministarstvu obrazovanja i japanskom ministarstvu rata. Kao osoba koja je razumela politiku, učitelj Itosu je pretpostavio da će se karate idealno uklopiti u japanske imperijalističke ambicije tog vremena i u želju da japanska vojska bude superiorno obučena i trenirana. Pismo je nazvao *Tode Jukun,* a na engleski jezik je prevedeno pod imenom "Ten Precepts". Japanska reč "kun" prevedena na srpski jezik znači pravilo, a engleska reč "precept" znači zapovest. Dakle, Tode Jukun može da znači ili Deset zapovesti ili Deset pravila, ali to i nije toliko bitno. Bitan je sadržaj ovog pisma koje je karateu otvorilo vrata za ulazak u Japan, a kasnije izlazak u svet. Važno je znati da je u vreme kada je učitelj Itosu napisao ovo pismo, reč "Kara-Te" još uvek bila pisana ideogramima čije je značenje bilo "Kineska šaka". Nekoliko godina kasnije Gičin Funakoši je promenio ideograme kojima je pisana reč "Kara" i transformisao ime "Kineska šaka" u "Prazna šaka".

Danas može da se nađe mnogo različitih prevoda Itosuovih Deset karate zapovesti. Problem u vezi sa pravilnim prevodom ovog teksta leži u činjenici da je učitelj Itosu pisao u vrlo starom literarnom stilu, koji se u Japanu više ne koristi, i da je zato ovaj tekst vrlo teško verno prevesti. Drugi problem je taj što su mnogi prevodioci ovog teksta ustvari vežbači karatea, tako da je vrlo moguće da su njihovi prevodi takođe odslikavali njihove sopstvene poglede na istoriju karatea. Posle dugotrajnog istraživanja, odlučio sam da prevedem verziju koju je karate javnosti obezbedio engleski karate instruktor Jan Abernadi. On je kontaktirao sa prevodilačkom firmom odlične reputacije, koja je za ovaj prevod angažovala stručnjaka za stari okinavljanski jezik. Ovo je moj prevod engleskog teksta za koji smatram da je najverniji prevod Itosuovog pisma.

Tode Jukun

Karate nije nastao iz budizma ili konfučijanizma. U prošlosti, Šorin škola i Šorei škola su donesene na Okinavu iz Kine. Obe škole imaju jake tačke i ja ću ih navesti bez ikakvog ulepšavanja.

1. Karate se ne vežba samo zbog sopstvene koristi; svrha karatea takođe može da bude zaštita sopstvene porodice ili vladara. Svrha karatea nije da se koristi protiv jednog napadača, nego je to način da se izbegnu povrede koristeći šake i stopala u slučaju kada se neko sukobi sa zlikovcem ili grubijanom.

2. Svrha karatea je da učini da mišići i kosti postanu čvrsti kao kamen i da se ruke i noge koriste kao koplja. Ako deca počnu trening vojnih veština tokom osnovne škole, onda će biti dobro pripremljena za vojnu službu. Setite se reči koje su pripisane Vojvodi od Velingtona posle pobede nad Napoleonom: „Današnja bitka je dobijena na igralištima naših škola".

3. Karate ne može da se nauči brzo. Kao bik, koji se sporo kreće, na kraju pređe hiljade kilometara. Ako neko vredno trenira sat ili dva na dan, onda će za tri li četiri godine videti promene u fizičkom izgledu. Oni koji treniraju na ovaj način, otkriće dublje principe karatea.

4. U karateu, trening šaka i stopala su važni tako da ih treba temeljno uvežbavati koristeći makivaru. Da bi se ovo postiglo, spustite ramena, raširite pluća, koncentrišite svoju snagu, priljubite stopala na pod i koncentrišite energiju u donji deo stomaka. Vežbajte udarajući svakom rukom 100 do 200 puta svakog dana.

5. Kada uvežbavate svoje karate stavove, držite prava

leđa, spustite ramena, stavite snagu u noge, stojte čvrsto i spustite energiju u donji deo stomaka.
6. Vežbajte svaku karate tehniku kroz mnogo ponavljanja. Dobro naučite objašnjenje svake tehnike i odlučite kada i kako da ih koristite, kada je to potrebno. Uletite, udarite i povucite se, to je pravilo za torite (Torite Džicu, borilački sistem koji je kreirao Takenouči Kaganosuke u Japanu tokom Edo perioda).
7. Na vama je da odlučite da li ćete karate vežbati zbog svog zdravlja ili zbog vaše (vojne) službe.
8. Vežbajte kao da se nalazite na bojnom polju. Vaše oči treba da budu skupljene, ramena spuštena i telo zategnuto. Uvek treba da trenirate s intenzitetom i duhom kao kada se borite protiv pravog neprijatelja i na taj način ćete postati prirodno spremni.
9. Ako u karate treningu koristite previše snage, to će dovesti do gubitka energije u vašem donjem delu stomaka i to će biti štetno za vaše telo. Vaše lice i oči će postati crveni. Budite pažljivi u svom treningu.
10. U prošlosti, mnogi karate majstori su živeli dugo. Karate pomaže razvoju kostiju i mišića, poboljšava probavu, kao i cirkulaciju. Ako bi karate počeo da se podučava u osnovnim školama, tada bismo stvorili mnogo muškaraca od kojih bi svaki bio sposoban da porazi 10 napadača.

Ako studenti (okinavljanskog) Učiteljskog fakulteta budu vežbali karate u skladu sa gore navedenim preporukama i ako posle diplomiranja počnu da podučavaju karate u osnovnim školama, u roku od 10 godina karate će se raširiti širom Okinave i Japana. Karate će stoga dati veliki doprinos našoj vojsci. Nadam se da ćete razmotriti ovo što sam napisao.

Anko Itosu, Oktobar 1908.

Osećam izazov, da na osnovu svog poznavanja istorije okinavljanskog karatea i razumevanja istorijskog konteksta Itosuovog pisma, napišem komentar na svaku od 10 Itosuovih preporuka. Verujem, međutim, da bi to bila greška i da bi to mlađe čitaoce verovatno lišilo želje da sami posvete svoje vreme izučavanju karate istorije. Kao što verujem da bi svaka osoba morala da zna istoriju svoje porodice i istoriju svoje nacije, isto tako verujem da bi svako ko vežba karate morao da poznaje istoriju karatea. Zato, moja želja je da ovim prevodom inspirišem čitaoce da sami nastave da istražuju istoriju karatea, naročito istoriju karatea iz perioda pre dolaska karatea na teritoriju Japana i period od dolaska karatea u Japan do 1957. godine, kada je karate zvanično postao sport.

Anko Itosu (1831 - 1915), učenik Sokona Macumure i Čikuduna Nagahame. Mnogi istoričari karatea smatraju da je Anko Itosu pravi "otac modernog karatea", a ne njegov učenik Gičin Funakoši. Pored Funakošija, Itosu je takođe bio učitelj Čokija Motobua i Kenve Mabunija.

Dvadeset glavnih principa karatea

Gichin Funakoshi je verovao da je vežbanje isključivo tehničkog aspekta bez razumevanja i upražnjavanja spiritualnog aspekta pogrešan pristup karateu, i da se karate bez spiritualnog pristupa ne razlikuje od bilo kog plesa. Drugim rečima, on je verovao da karate ne treba da bude samo **džicu** (veština) već da karate treba da bude **do** (put). Svoju karate filozofiju Funakoshi je ovekovečio u tekstu "Dvadeset glavnih principa karatea". Originalno ime teksta je "Karate-do Nijukkajo", a tekst je na engleski jezik preveden kao "The Twenty Guiding Principles of Karate". Tekst je prvi put objavljen 1938. godine u knjizi "Karate-Do Taikan" čiji je autor bio Genva Nakasone, okinavljanski majstor karatea i Funakošijev prijatelj.

Karate-do Nijukkajo

1. Karate počinje i završava se s naklonom.
   Karate-do wa rei ni hajimari rei ni owaru koto a wasaru na.
2. U karateu nikada ne napadni prvi.
   Karate ni sente nashi.
3. Karate je na strani pravde.
   Karate wa, gi no taske.
4. Prvo upoznaj sebe da bi mogao da upoznaš druge.
   Mazu onore o shire, shikashite ta o shire.
5. Duh i um su važniji od tehnike.
   Gijitsu yori shinjitsu.
6. Budi spreman da oslobodiš svoj um.
   Kokoro wa hanatan koto o yosu.

45

7. Loša sreća je rezultat lenjosti.
   Waza wai wa ketai ni seizu.
8. Karate prevazilazi okvire dodža (sale za vežbanje).
   Dojo nomino karate to omou na.
9. Karate se uči celog života.
   Karate-do no shugyo wa isssho de aru.
10. Primenjuj principe karatea u svakodnevnom životu.
    Na taj način videćeš karate u njegovoj punoj lepoti.
    Ara yuru mono o karateka seyo; sokoni myomi ari.
11. Karate je kao ključala voda: bez vatre, voda će postati hladna.
    Karate Wa Yu No Gotoku Taezu Netsu O Atae Zareba Motono Mizuni Kaeru.
12. Ne razmišljaj kako da pobediš. Bolje razmišlaj kako da ne izgubiš.
    Katsu kangae wa motsuna; makenu kangae wa hitsuyo.
13. Prilagodi se svom protivniku.
    Tekki ni yotte tenka seyo.
14. U borbi se mora prepoznati šta su slabe, a šta su jake tačke.
    Tattakai wa kyo-jitsu no soju ikan ni ari.
15. Razmišljaj o protivnikovim rukama i nogama kao o smrtonosnim sabljama.
    Hi to no te-ashi wa ken to omoe.
16. U svakom trenutku budi svestan da je oko tebe milion potencijalnih protivnika.
    Danshi mon o izureba hyakuman no teki ari.
17. Za potpunu spremnost u šizentai (prirodna pozicija sa spuštenim rukama) moraš vežbati kamae (gard) dok si početnik.

Kamae wa shoshinsha ni atowa shizentai.
18. Katu vežbaj bez modifikovanja; prava borba je nešto drugo.
Kata wa tadashiku, jisen wa betsumono.
19. Ne zaboravi: snagu i slabosti fizičke moći, kontrakciju i ekspanziju tela, sporost i brzinu tehnika.
Chikara no kyojaku tai no shinshuku waza no kankyu.
20. Uvek budi kreativan, vredan i snalažljiv.
Tsune ni shinen ku fu seyo.

Isto kao i Tode Jukun, i Karate-do Nijukkajo je na engleski jezik preveden na način koji je listi 20 glavnih principa karatea oduzeo deo originalne ideje i značenja. Preveo sam jedan od najčešće spominjanih engleskih prevoda i i trudio sam se da moj prevod ne načini dodatnu štetu originalnom tekstu.

Kao što sam se uzdržao da komentarišem Tode Jukun, isto tako ću se uzdržati od komentara na Karate-do Nijukkajo. Zaista je nebitno kako ja vidim i razumem Funakošijevu filozofiju. Jedino što je bitno u izučavanju Funakošijevog teksta je želja da se razumeju ideje i principi karatea koje je propagirao i širio Gičin Funakoši. Iako su moderni trendovi potpuno otuđili karate od originalnog filozofskog koncepta, to ipak ne znači da novi vežbači ne treba da pokušaju da otkriju kako je karate izgledao u vreme kada nisu postojala takmičenja, medalje i diplome. Oni koji pokušaju da otkriju originalnu spiritualnu stranu karatea, ne samo da će naći ono što traže, već će pronaći mnogo više nego što očekuju.

空手二十箇条

Karate-do Nijukkajo, ispisan rukom Šinkina (Makota) Gime, učenika i prijatelja Gičin Funakošija. Šinkin Gima je bio asistent Gičinu Funakošiju prilikom čuvene demonstracije karatea u Kodokanu održane na molbu osnivača džudoa Džigora Kana.

Pravila ponašanja u sali za vežbanje

Pored *Dvadeset glavnih principa karatea* Gičin Funakoši je kreirao i *Pravila ponašanja u sali za vežbanje* koja su svima koji vežbaju karate poznata pod imenom Dodžo Kun. Gičin Funakoši je verovao da svako ko vežba karate, mora da se pridržava ovih pravila za vreme karate treninga, ali i da ova pravila svi treba da koriste kao model ponašanja u svakodnevnom životu. Dodžo Kun izražava osnovnu filozofiju karatea da sve principe kojih se pridržavamo u sali za vežbanje moramo da koristimo i u svim drugim sferama naših života.

Dojo Kun

1. Teži perfekciji karaktera.
   Jinkaku kansei ni tsutomuru koto.
2. Budi iskren u svemu što radiš.
   Makoto no michi o mamoru koto.
3. Šta god da radiš, uvek daj sve od sebe.
   Doryoku no seishin o yashinau koto.
4. Poštuj druge.
   Reigi o omonzuru koto.
5. Uzdrži se od nasilničkog ponašanja.
   Keki no yu o imashimuru koto.

U mnogim karate salama širom sveta učitelji i učenici karatea izgovaraju Dojo Kun i na početku i na kraju treninga. To je način da se stalno održava svest o dubokom smislu vežbanja karatea.

一、人格完成に努むること

一、誠の道を守ること

一、努力の精神を養うこと

一、礼儀を重んずること

一、血気の勇を戒むること

中山正敏

Dojo Kun ispisan rukom Masatošija Nakayame, naslednika Gičina Funakošija na čelu JKA (Japanske karate asocijacije)

<u>3</u> KATA: PRIČA ISPRIČANA TELOM

Goran Lozo

Kata

U svojoj knjizi *Meikyo Kan*, Miodrag Zarić je napisao da je kata "priča ispričana telom". To je sigurno najpoetičniji opis kate za koji sam ja ikada čuo. Međutim, kata nije samo priča. Kata je takođe čuvar tajni, filozofski koncept, meditacija u pokretu i sveobuhvatni borilački sistem.

Važnost kate, i u mentalnom i u fizičkom smislu, nije lako razumeti. Da bi se kata razumela, potrebne su godine, nekada i decenije neprekidnog, izuzetno napornog i vrlo bolnog vežbanja. Potrebna je želja da se otkrije šta se krije ispod površine (tehnike) i verovanje da istraživanje neće biti uzaludno. Kao što mora i okeani kriju potonule brodove pune kovčega sa zlatom i draguljima, tako i kata u sebi krije priče pisane od šestog veka nove ere pa nadalje. U devetnaestom veku na Okinavi se jedna kata vežbala nekada i tri godine i učitelji nisu dozvoljavali učenicima da počnu da uče novu katu dok ne postanu sigurni da je prethodna kata postala skoro savršena, i da su učenici shvatili duboko značenje kate koju su vežbali. Čak su i najpoznatiji učitelji tog vremena znali samo tri ili četiri kate, vrlo retki su znali pet ili više kata. U to vreme se verovalo da je bitnije potpuno znati i razumeti samo jednu katu, nego znati veliki broj kata, a nemati njihovo potpuno razumevanje.

Zato što je otkrivanje iskonske lepote kate tako teško i dugotrajno, nije ni čudo što mnogi koji prvi put vide izvođenje kate pomisle, ili glasno kažu, da je kata smešna i besmislena i da nema nikakvu borilačku vrednost. Takvi komentari mogu da se čuju od onih koji se bave borilačkim sistemima u kojima ne postoji ništa drugo osim fizičke komponente vežbanja. Na moju veliku žalost, iste komentare i razmišljanja čuo sam od onih koji se bave upravo karateom, i takvih vežbača je mnogo širom celog sveta. To može da se vidi po treninzima na kojima se kata vežba retko ili nikada, po tome koliko se takmičara takmiči samo u borbama, a nikada u katama, i po tome na koji način katu izvode oni koji se takmiče u katama. Meni je teško da razumem zašto tako veliki broj ljudi ne želi da otkrije pravu lepotu i zašto ih interesuje samo ono što se vidi na prvi pogled i ništa više od toga. Ja duboko verujem da je površnost, ne samo u karateu već i svim ostalim aspektima života stvar lične odluke, a ne talenta ili predodređenosti.

Biću slobodan da mlađim vežbačima karatea preporučim način na koji mogu da provere da li svoju katu izvode površno, samo telom, ili na način na koji su to zamislili stari učitelji karatea, kao pravu borbu na život i smrt. Danas većina vežbača vežba kate samo u sportskim salama. Kada smo okruženi zidovima i kada su drugi vežbači oko nas, uvek ćemo imati osećaj da je naša tehnika snažnija i efikasnija nego što to zaista jeste. Što je slobodni prostor oko nas manji, to je osećaj naše snage veći. Međutim, kada isti ti vežbači izađu na otvoren prostor, na široku poljanu na primer, taj osećaj snage nestaje i većina onih koji vežbaju u takvim uslovima odmah nakon prve tehnike osetiće se malim i slabim, i osećaće se kao da njihovi udarci i blokovi nisu dovoljno snažni. Ustvari, ono što će osetiti je to koliko su mali i slabi u odnosu na prirodu. I tu je srž problema u vezi s nedostatkom ideje o vežbanju kate kao o pravoj borbi na život i smrt. Kada se kata izvodi samo telom, potpuno mehanički i bez prisustva ideje o realnom fizičkom sukobu, onda naš mozak ima vremena da registruje prazan prostor oko nas i da napravi poređenje između naše snage i veličine sa snagom i veličinom prirode koja nas okružuje. Zbog toga se javlja osećaj bespomoćnosti i nedovoljne snage. Međutim, kada se kata vežba s punom koncentracijom, tada je mozak toliko zaokupljen borbom na život i smrt koju smo kreirali u našim mislima, da jednostavno nije u stanju da registruje bilo šta drugo. Kao što se zna, ljudski mozak nema

Prvenstvo Beograda u katama 1984, kata Basai Šo

sposobnost obavljanja dve radnje u isto vreme. Zato, kada katu vežbamo napolju čak i na ogromnom praznom prostoru, naš mozak neće imati vremena da analizira razliku između nas i prirode oko nas. I prilikom takvog pristupa vežbanju kate, osećaj snage i moći biće potpuno isti i u skučenoj sportskoj dvorani i pod vedrim nebom na ogromnoj poljani.

Goran Lozo

**OKK Beograd, prvaci Beograda u katama ekipno 1984:
Dragan Veličković, Goran Lozo, Miodrag Mrvić**

**Ispit za pojaseve u Padinskoj skeli (s leva na desno):
Aco Ćirović, Vladimir Jorga, Goran Lozo**

Degradacija kate

Muzika je muzika, ali nije svaka muzika istog kvaliteta. Na primer, svako može da razlikuje klasičnu od rep muzike. Klasična muzika teži savršenstvu u tehnici sviranja instrumenta ili u glasu pevača, i vrlo mali deo onih, koji se bave muzikom, su zainteresovani ili sposobni da dođu blizu perfekcije. Takođe, zvuk instrumenta i glas pevača klasične muzike imaju sposobnost da potpuno jasno izraze najsuptilnije emocije koje mogu da se kriju u dubini ljudske duše. S druge strane, skoro svako, ko je zainteresovan da se bavi rep muzikom, može da postane poznat i uspešan. Za uspeh u rep muzici nije potrebno biti majstor na bilo kom instrumentu, niti je potrebno da glas pevača ima vokalni raspon. Dok se klasična muzika ne prilagođava ukusu većine, već teži očuvanju integriteta umetnosti, rep muzika se prilagođava trenutnim trendovima i ukusima publike. Mislim da slično poređenje može da se napravi između karate kata nekada i sada. U vreme pre nego što je karate postao sport, kata je bila način da se ispriča priča. Kretanje, blokovi i udarci bili su instrumenti korišćeni za odbranu od napadača. Zato su u stara vremena učitelji tražili od svojih učenika, ne da zamišljaju svoje protivnike, već da ih stvore u svojim mislima. Kata je morala da dovede do stvaranja osećaja opasnosti, pravovremenog reagovanja i osećaja da se vežbač nalazi u pravoj borbi na život i smrt. U zapadnoj kulturi kata se opisuje kao "borba protiv imaginarnog protivnika" i to je potpuno pogrešan opis suštine kate. Kata je u stvari borba protiv pravog protivnika. Svako ko vežba katu na taj način, po završetku kate bi morao da se oseća kao da je za dlaku izbegao smrt. I kada se kata vežba na potpuno isti način na koji bi se neko borio da odbrani svoj život, onda ta osoba neće ništa menjati u svom pristupu kada se ispred njega ili nje nađe napadač od krvi i mesa. U stvarnom životu se bori onako kako se bori u kati, i između kate i borbe ne postoji nikakva razlika.

Pored toga što je kata isto što i borba, kata je takođe i meditacija u pokretu. Takva meditacija je neuporedivo zahtevnija od fizički statične meditacije, bilo da se meditira u poziciji lotosovog cveta ili dok se sedi u stolici. U klasičnoj meditaciji, kakvu upražnjavaju budisti, zadatak je biti usredsređen ili na fizički ili vizuelni objekt, ili na određenu reč ili misao, ili na proces koji se odvija u mislima. Kata u koju su podjednako uključeni i duh i telo je zahtevna i teška, ali upravo zbog toga takva kata menja onoga koji vežba i donosi mu mir i stabilnost. Na suprotnoj obali od ovakve, ja bih nazvao potpune kate, nalazi se kata prilagođena sportskom suđenju i ocenjivanju. Čak i oni, koji su osvojili najznačajnije sportske titule, toliko su usredsređeni na fizičku impresiju koju žele da kreiraju, da su i intelektualni i mentalni aspekt kate potpuno eliminisali. Međutim, bez obzira na to što su moderni karate takmičari toliko posvećeni tehničkim detaljima, ja ne vidim da u vezi sa njihovom tehnikom postoji bilo šta što bi imalo stvarnu primenljivost u situacijama samoodbrane ili sportskih borbi. Danas je čak i disanje u kati usmereno na to da se izazove efekat kod sudija i publike. Ponekad zatvorim oči dok posmatram snimke raznih takmičenja i zvuci koje tada čujem podsećaju me na sve osim na pravilno disanje. Ono što ja vidim u modernom izvođenju kata je estetika koja može da impresionira posmatrače koji ne poznaju karate ili one koji karate vežbaju površno. Zbog modernih kata trendova skoro da više ne postoje takmičari koji se takmiče i u katama i u borbama. Danas postoji samo specijalizacija u jednoj ili drugoj disciplini. Još gora od te specijalizacije je činjenica da su svi koji se takmiče u katama skoro istih dimenzija, kao da su došli iz istog genetskog izvora. Prošlo je vrema kada su se u katama takmičili i visoki i fizički masivni takmičari. Zahvaljujući internetu danas je lako uporediti staro sa novim. Ako pogledamo karate majstore kao što su Mikio Yahara ili Masao Kagava, videćemo da njih dvojica dolaze na borilište opušteno kao da ulaze u kafanu, kratko se naklone, počnu svoju borbu na život i smrt, završe i odu, bez ikakve drame. Dođoh, videh, pobedih. Kada pogledamo današnje šampione, od ulaska na borilište, naklona, same kate i izlaska s borilišta, sve podseća na karaktere iz video igrica. Ko se bori na taj način u stvarnoj borbi na život i smrt?

ITKF prvenstvo Evrope 1995. godine u Mančesteru, Engleska, moj meč osmine finala

Uširo mavaši geri, trening u kasarni JNA u Prištini 1990. godine

Kata i svakodnevni život

Nastavnici biologije često zbunjuju svoje učenike pitanjem da li je prvo nastala kokoška ili jaje. U karateu slična dilema ne postoji. Prvo je nastala tehnika pa tek onda kata. Međutim, iako kata ne bi mogla da postoji bez pojedinačnih tehnika, pojedinačne tehnike same po sebi nemaju nikakvo duboko značenje. Kata je za karate tehnike ono što je ljudsko telo za ljudske ćelije; kreacija koja svemu daje smisao, smisao koji ne bi postojao da nije bilo te kreacije. Pre nekoliko godina jedan od mojih učenika, koji je tada imao braon pojas, pitao me je: "Šta je kata osim što je skup tehnika i kombinacija?" Odgovorio sam mu: "Kata je odgovor na sva pitanja". Učenik me je onda pitao da mu to objasnim malo podrobnije, ali ja sam mu kazao da je za njega najbolje da kate vežba svakodnevno, i da ih vežba godinama, i da će ga to dovesti do odgovora na sva pitanja.

Da bih jasnije ilustrovao svoje razmišljanje, opisaću vezu između principa kate i principa ponašanja u stvarnom životu:

Kata: kata nikada ne počinje napadom, prva tehnika je uvek reakcija na napad.

Život: u životu nikada ne treba izazivati konflikt. Treba biti miroljubiv i upuštati se u fizički konflikt samo kada si napadnut.

Kata: u kati napadači dolaze iz svih pravaca: sa strane, s leđa ili spreda i koriste sve što mogu da te povrede ili ubiju. Koriste udarce rukama i nogama, razna oružja. U kati, uvek si oprezan i spreman da reaguješ.

Život: u životu, nevolje dolaze kada ih ne očekujemo i

Goran Lozo

često od ljudi od kojih se najmanje nadamo. Zato uvek treba biti spreman i o čemu god da se radi, treba reagovati odmah i s odlučnošću.

Kata: u kati nikada ne razmišljaš o tome zašto si se našao u teškoj situaciji, nikada se ne pitaš da li je to pravedno ili nepravedno. Dok analiziraš zašto si napadnut, neprijatelj će da nastavi s napadom i uništiće te.

Život: u životu, ne traži krivicu u drugima, to te neće dovesti do pobede. Ako plačeš nad svojom sudbinom umesto da se boriš, bićeš poražen.

Kata: u kati si uvek sam. Niti će pomoć doći, niti očekuješ da ti neko pomogne.

Život: u životu, kada dođu teška vremena, ne očekuj i ne traži pomoć od drugih. Prvo, upotrebi sve fizičke i mentalne potencijale koje si doneo na svet rođenjem, tek tada, pomoć će doći iako je ne tražiš.

Kata: u kati, nikada ne razmišljaš o ishodu svoje borbe i samim tim nemaš vremena da se plašiš smrti.

Život: u životu, ako razmišljaš o najgorem mogućem ishodu, to će izazvati strah koji će te sprečiti da se boriš kao tigar. Samo oni koji se bore, umesto da razmišljaju o svim mogućim posledicama, naći će izlaz i iz naizgled bezizlaznih situacija.

Ovo su samo neki od odgovora na pitanja o životu koje pruža kata. Odgovora je mnogo više i svako treba da ih nađe kroz sopstveno vežbanje kata, dugotrajno i neprekidno. Po mom dubokom uverenju, kata je učiteljica života, a sve što mi treba da uradimo jeste da razumemo jezik kojim kata govori.

ITKF sertifikat internacionalnog karate trenera

Roku Dan (šesti dan) diploma
Šotokan Karate Savez Srbije, 2012.

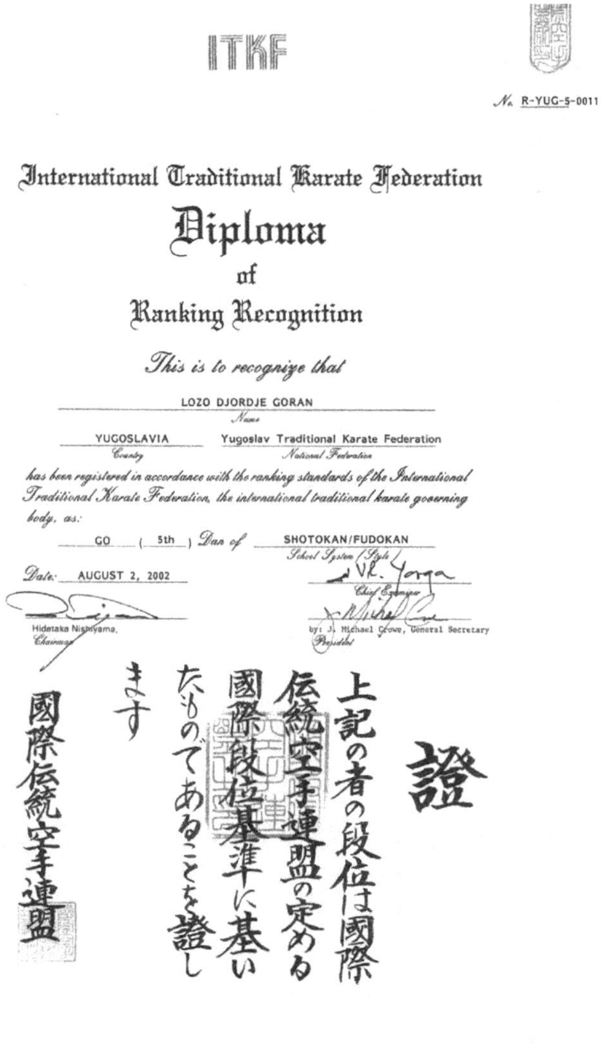

Goran Lozo

ITKF

International Traditional Karate Federation
Diploma
of
Ranking Recognition

This is to recognize that

LOZO DJORDJE GORAN
Name

YUGOSLAVIA   Yugoslav Traditional Karate Federation
Country   *National Federation*

has been registered in accordance with the ranking standards of the International Traditional Karate Federation, the international traditional karate governing body, as:

GO (5th) *Dan of*   SHOTOKAN/FUDOKAN
School System / Style

Date: AUGUST 2, 2002

Chief Examiner

Hidetaka Nishiyama,
Chairman

by: J. Michael Crowe, General Secretary
President

ま

上記の者の段位は國際
伝統空手連盟の定める
國際段位基準に基い
たものであることを證し

證

國際伝統空手連盟

Go Dan (peti dan) diploma
International Traditional Karate Federation, 2002.

Dodela San Dan (treći dan) diplome 1995. godine, Los Anđeles, SAD, Hidetaka Nišijama Sensei

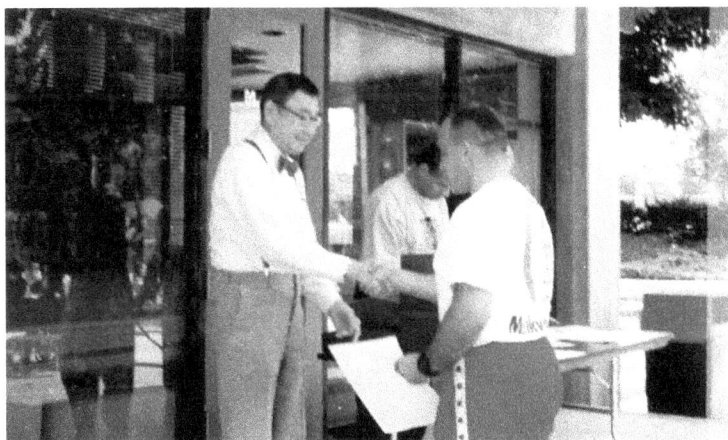

Dodela sertifikata Internacionalnog karate trenera 1995. godine, San Dijego, SAD, Ričard Kim Sensei

**Torino, Italija, 1993. godine (s leva na desno):
Ilija Jorga, Hidetaka Nišijama, Goran Lozo.**

**San Dijego, USA, 1995. godine (s leva na desno):
Goran Lozo, Hiroši Širai, Slobodan Milićević,
Aco Ćirović, Miodrag Zarić.**

4 KUMITE: TREĆA STRANA TROUGLA

Goran Lozo

.

Kihon, kata i kumite

Karate se sastoji od tri podjednako važna elementa: kihon, kata i kumite.

Kihon je bazična tehnika. Dugotrajno vežbanje kihona dovodi da razvoja kvaliteta tehnike. Kada se dostigne visok nivo, tehnika se izvodi brzo, snažno i precizno, bez nepotrebnog rasipanja energije.

Kata je skup tehnika izvedenih po unapred određenom scenariju. U Šotokan karateu danas se vežba 26 kata i svaka pojedinačna kata je na svoj način lepa i zahtevna.

Kumite je metod karate treninga u kojem se tehnika vežba s partnerom. Kumite se vežba u tri različita oblika, od jednostavnog preko složenijeg pa do izuzetno kompleksnog:

- Ipon kumite (unapred određene tehnike napada i odbrane, uvežbava se s jednim iskorakom)
- Sanbon kumite (unapred određene tehnike napada i odbrane, uvežbava se s tri iskoraka)
- Džiyu kumite (slobodna borba u kojoj se učenik trudi da na efikasan način primeni tehnike razvijene kroz vežbanje kihona i strategije naučene kroz vežbanje kata)

Svaki od ova tri metoda ima svoje jasno definisane funkcije: razvoj preciznosti, brzine i snage, razvoj brzine proste i složene reakcije, razvoj pravovremenosti upotrebe tehnike, razvoj sposobnosti pronalaženja idealne distance u odnosu na protivnika, sposobnost prilagođavanja neočekivanim i neplaniranim situacijama...

Svi vežbaju kihon, ali mnogi vežbači prave grešku tako

što se odlučuju da više pažnje posvete kati nego kumiteu i obrnuto. Kihon, kata i kumite su povezani, prepliću se i zavise jedni od drugih. Oni su tri strane jednakostraničnog trougla i nijedan od ova tri elementa nije manje ili više važan.

Uširo Geri

Otpornost na fizički bol

Jedna od najznačajnijih funkcija kumitea, koja se poslednjih decenija zanemaruje, jeste razvoj tolerancije na fizički bol. U vreme kada sam ja počinjao karate trening, krajem sedamdesetih godina prošlog veka, ipon kumite i sanbon kumite su bili vrlo zastupljeni u svakom pojedinačnom treningu i vežbani su po metodu "kost na kost". Zahvaljujući ovakvom načinu treninga, podlaktice i cevanice su prvo bile modre pre nego što su postale crne. Mi smo se tim podlivima na rukama i nogama ponosili zato što je to jasno pokazivalo koliko ozbiljno pristupamo treningu karatea. Posle nekoliko meseci ovakvog treninga, više nismo osećali bol. Kalus koji je stvaran u procesu zalečenja i obnavljanja kostiju činio je da kosti postanu jače i otpornije, a receptori za bol su polako prestajali da šalju poruke centralnom nervnom sistemu. Ne samo da je telo postajalo otporno na bol, već je način razmišljanja o efikasnosti karate tehnike morao da doživi transformaciju. Razumevanje da telo može da postane otporno na fizički bol, neminovno je vodilo do zaključka da i naš protivnik u stvarnom životu može da ima telo istrenirano na isti način kao i mi sami. Takvo razmišljanje je moglo da vodi samo ka jednom zaključku: da naše udarne površine moraju da postanu mnogo tvrđe i jače, nego što su ustvari bile. I to nas je sve vodilo treningu na makivari. Ja sam makivaru pravio od dasaka koje sam nalazio na gradilištima, a kada nisam imao makivaru u svojoj blizini, udarao sam golom rukom u drvo. Udarci netrenirane ruke u golo drvo vrlo brzo dovode do povreda kože i krvarenja. Tajna razvoja čvrstoće udarnih površina je u nastavku treninga, bez obzira na bol. Isti trening se nastavlja pre nego što rane potpuno zarastu i tako sve dok koža ne postane toliko gruba, da udarci u makivaru ili drvo više ne mogu da povrede kožu i izazovu krvarenje. Kada se dostigne ta faza, udarne površine su čvrste kao kamen i efekat udarca u protivnikovo telo je mnogo razorniji, nego što bi bio bez treninga na makivari.

Stablo drveta je odlična zamena za makivaru (đako zuki).

Nažalost, moderni trendovi karatea udaljavaju karate od ideja i vrednosti koje su formirane kroz vekove učenja i treninga. Karate je postao veliki biznis i u tome ne vidim ništa loše. Ja, ustvari, duboko verujem u to da bi svako ko se karateom bavi kao profesijom, morao da bude u stanju, ne samo da zarađuje dovoljno za život, već i da se obogati od bavljenja karateom. Međutim, ako vodeće svetske karate organizacije udalje ovu staru borilačku veštinu od izvornog oblika toliko, da je teško naći značajne sličnosti između nekadašnjeg i današnjeg karatea, onda je taj način sticanja zarade, po mom mišljenju, nepošten i nemoralan. Nedavno sam na video snimku posmatrao finalnu borbu svetskog šampionata u organizaciji WKF (World Karate Federation). Ne mogu da kažem da sam bio šokiran, preciznije bi bilo reći da sam osetio nevericu kada sam video da borci u finalu prvenstva sveta ispod svojih kimona nose štitnike za telo. Bio sam ljut i razočaran, ali ne zato što su ovi takmičari na sebi imali štitnike, već zato što se taj sport kojim se oni bave i dalje zove karate. Kada muškarac stavi štitnike na svoje grudi, ta osoba se više ne bavi karateom niti ti sportisti imaju moralno pravo da sebe zovu karatistima. Takva zaštita tela je potpuno suprotna svemu što karate u svojoj suštini jeste. To je toliko očigledno, da više nije potrebno potrošiti nijednu reč na sramotu koju ovakve i slične organizacije nanose pravom karateu.

Otpornost na bol nije samo jedna od sposobnosti koju iskreni i ispravni pristup karateu može da razvije, već je to i pitanje ličnog ponosa. Ko ne oseti muku u stomaku kada vidi da karate takmičar padne kao pokošen od običnog udarca, i pobedi svoj meč samo zato što je zbog njegove glume njegov protivnik diskvalifikovan? Dešavalo se da neki takmičari osvoje medalju čak i na prvenstvima sveta samo zahvaljujući glumi i diskvalifikaciji svojih protivnika. Da li je takvo ponašanje u skladu s etičkim kodom karatea?

Moje razmišljanje o ponosu karate borca počelo je kada je prilikom jednog treninga moj učitelj Žika Vukojčić kazao da čak i polomljena noga nije razlog da se ne dođe na trening: "Ako ti je polomljena jedna noga, to znači da još uvek imaš drugu nogu i dve ruke koje možeš da koristiš. Polomljena noga nije razlog da se ne dođe na trening". Te večeri obećao sam sebi da me nikada nikakva povreda neće naterati da prekinem svoj trening ili meč. Toga sam se pridržavao celog života tokom moje sportske karijere i nakon prestanka takmičenja i sada, kada se bližim pedesetoj godini života. Opisaću tri događaja koja će demonstrirati moju privrženost izvornoj ideji karatea i učenju mog učitelja Žike Vukojčića.

Godine 1986. na takmičenju u Titogradu (današnjoj Podgorici) postao sam prvak stare Jugoslavije (SFRJ) u poluteškoj kategoriji u konkurenciji takmičara ispod 21 godine starosti u WUKO federaciji. To je bilo ispunjenje dečačkog sna, pogotovo zato što sam u poslednje tri borbe pobedio tri izvanredna takmičara: Veselina Mićovića iz titogradske "Budućnosti" (s tri ipona), Vladimira Kovčića iz "Partizana" iz Batajnice (vrlo teško) i Đoka Birača iz zagrebačkog "Tempa" (s tri ipona). Nedelju dana nakon toga učestvovao sam na prvenstvu Srbije u borbama u apsolutnoj kategoriji. Takmičenje se održavalo u hali na Banjici. Pobede su se ređale sve do polufinala kada me je takmičar beogradskog "Partizana", Aleksić, pogodio udarcem rukom u donju vilicu. Niti je udarac bio jak, niti senzacionalan, niti sam osetio bilo kakav bol. Međutim, osetio sam kao da nešto nije u redu s mojim zubima. Nastavio sam meč i potpuno zasluženo izgubio. Posle meča lekar je došao da pogleda moja usta jer sam krvario, i sećam se da je bio zgranut. Kazao ni je da sam doživeo luksaciju tri zuba. To je značilo da su tri srednja zuba donje vilice praktično bila izvađena iz korena i da su sva tri zuba bila skoro paralelna sa donjim nepcem. Odmah sam bio odvezen na Stomatološki fakultet gde su mi zubi vraćeni u prirodnu poziciju i stavljena metalna šina oko zuba koju je trebalo da nosim oko mesec dana. Cela intervencija je bila vrlo bolna jer je urađena bez ikakve anestezije. Doktor je kazao da ne smem da treniram nekoliko nedelja, a da o sparingu na treningu i ne razmišljam sledećih nekoliko meseci. Međutim, već sledeće nedelje na programu je bilo prvenstvo Srbije koje je bilo kvalifikaciono za prvenstvo Jugoslavije u apsolutnoj kategoriji. Kazao sam sebi: "Ti si sada prvak Jugoslavije, nemoj ni da pomisliš da samo zbog metalne šine u ustima ne odeš na prvenstvo Srbije". Osećao sam ponos zbog donete odluke i znao sam da bih osetio duboki stid da sam poslušao savet lekara. Takođe sam pomislio: "Moj učitelj (Žika Vukojčić) bi bio zadovoljan kada bi znao da ga nisam osramotio". Otišao sam na prvenstvo Srbije i stigao do polufinala ili finala, više ne mogu da se setim. Od udaraca u prethodnim mečevima i rasekotina na sluzokoži koja je izazvala metalna šina, sudije mi nisu dozvolile da nastupim u sledećem meču. Bio sam besan kao nikada ranije jer sam se osećao poniženo. Ja sam bio spreman da umrem na tom borilištu, nisam mogao da shvatim zašto su sudije sebi dale za pravo da mi oduzmu šansu da pobedim.

**JKA Prvenstvo Jugoslavije 1994. godine u Kruševcu,
pobeda sa polomljenim nosem**

Drugi događaj desio se 1994. godine u Kruševcu na prvom Šotokan prvenstvu Jugoslavije u okviru JKA (Japanska karate asocijacija) federacije. U četvrtfinalnom meču, poslednjem meču prepodnevnih eliminacija, protivnik mi je polomio nos. Moj nos je bio potpuno pomeren na levu stranu lica. Sudije su htele da diskvalifikuju mog protivnika, međutim, kao stari i iskusan takmičar imao sam određeni autoritet kod sudija i lekara i kazao sam im da želim da nastavim meč. Tada sam stavio nos između dve šake i vratio ga na sredinu lica, u poziciju u kojoj je bio od mog rođenja. Sećam se da je jedan od novinara koji je pratio šampionat počeo da povraća kada je video šta sam uradio. Meč sam nastavio i pobedio. Opet sam pomislio: "Moj učitelj bi bio zadovoljan kada bi znao da ga nisam osramotio". Nažalost, najgori deo je tek dolazio. Polufinalne i finalna borba bile su na programu tek uveče, pod svetlošću reflektora. To je značilo da će se povreda ohladiti i da će svaki kontakt biti neuporedivo bolniji, nego što bi bio da su se mečevi nastavili dok je povreda bila sveža. Tako je i bilo. U polufinalnom meču pobedio sam izvanrednog protivnika, Igora Vrečka, koji me je nekoliko puta pogodio u povređeno mesto. U finalu sam pobedio svog prijatelja i takođe izvanrednog takmičara, Iliju Glumca, koji kao i Igor nije imao milosti prema mom polomljenom nosu, ne obazirući se na naše prijateljstvo. Ezra Paund je u jednoj pesmi napisao da "čovek, koji nema snage da stoji iza svojih ideja, ili ne vredi kao čovek, ili mu ideje ništa ne vrede" i ja sam bio neizmerno srećan što sam bio u situaciji da sam sebi dokažem da imam snage da stojim iza svojih ideja.

Treći događaj desio se u Americi, u Atlanti 2002. godine, nakon povrede meniskusa levog kolena na mom karate treningu. Doktor je kazao da je meniskus bio previše oštećen da bi mogao da se spasi i da ću morati da idem na operaciju da bi se meniskus izvadio i da bi se oštećene zglobne površine tibije i femura izglačale. Operacija je bila gotova oko deset ujutru, iz anestezije sam se povratio posle nekoliko sati i kući sam stigao oko jedan popodne. Već u šest sati uveče bio sam u sali za vežbanje. Prvo sam na štakama stao ispred bokserske vreće i udarao skoro 30 minuta. Sledećih sat vremena radio sam na snazi mišića tako što sam dizao tegove. Kao što je moj učitelj Žika

Vukojčić jednom kazao: "Ako ti je polomljena jedna noga, to znači da još uvek imaš drugu nogu i dve ruke koje možeš da koristiš. Polomljena noga nije razlog da se ne dođe na trening".

Kenva Mabuni (1889 – 1952), osnivač Šito Ryu stila karatea, bio je jedan od najpoštovanijih karate učitelja i smatran je za najvećeg ekperta za kate svog vremena. Gičin Funakoši je bio veliki poštovalac Kenve Mabunija. Gigo Funakoši, sin Gičina Funakošija, po očevoj želji je posećivao Mabunija da bi učio kate koje Gičin Funakoši nije poznavao. Kenva Mabuni je bio inovator i prvi je karate instruktor koji je eksperimentisao sa zaštitnom opremom za karate sparing.

Seiza, pozicija na početku i kraju karate treninga u kojoj učitelj i učenici naklonom iskazuju uzajamno poštovanje i zahvalnost.

Karate i realna borba

Karate je efikasna borilačka veština. Danas je MMA (mixed martial arts ili ultimate fighting) jedan od najprofitabilnijih sportova na svetu. Ali oni koji poznaju karate kate, znaju da je u stvari karate originalni "ultimate fighting" sistem. Sve što se danas vidi u oktagonu (MMA borilište), davno je viđeno u tradicionalnim karate katama: udarci rukama i nogama, laktovima i kolenima, udarci iz skoka, poluge, gušenja, bacanja,... sve je to deo karatea koji se upražnjavao na Okinavi stotinama godina i kasnije u Japanu. Nažalost, od kada je karate postao sport 1957. godine, trening je počeo da se menja. Veliki broj tehnika, koje čine karate katu, zabranjene su u sportskoj borbi. Takođe, izvođenje udaraca punom snagom se kažnjava. Pravila sportskog karate takmičenja su se prenela u sale za trening i polako ali sigurno, svrha karate treninga je postala priprema za sportska takmičenja. Sposobnost samoodbrane ili pomoći nevinoj žrtvi siledžijskog napada, postali su nevažni. Međutim, u realnoj životnoj situaciji, okolnosti su toliko različite od sportskog takmičenja da je onima, koji nisu imali iskustvo prave borbe na život i smrt, teško da zamisle kako ta razlika zaista izgleda. Nažalost, životni put kojim sam išao, nekoliko puta me je stavio u situacije realne borbe. Niti sam ponosan tim iskustvima, niti sam srećan što su mi se ta iskustva desila. Ali pošto ništa nije crno i belo, tako su i ova ružna lična iskustva imala pozitivnu stranu: naučila su me koliko su prave životne situacije dramatično različite od sparinga na treningu, meča na takmičenju i borbe u akcionim filmovima.

Jedno od iskustava koje želim da podelim s mladim vežbačima karatea je da se fizički sukobi najčešće dešavaju kada se to najmanje očekuje, da se sve odbija mnogo brže i da sve traje mnogo kraće nego što očekujemo. Dalje, distanca između dva protivnika u ovakvim sukobima je najčešće vrlo mala. Uslovi su potpuno različiti od onih na treningu: svetlost je slaba ili se borite u mraku, iza leđa vam je zid, ispod vas je beton, oko vas su stolovi, stolice, automobili ili drugi ljudi, napadac je pod uticajem alkohola ili droge, u ruci ima ima razbijenu flašu ili nož, često i pištolj, najčešće nije sam. Ono što se dešava u pravim životnim situacijama, ne samo da ne podseća na karate trening ili sportski karate meč, već ni najmanje ne podseća na borbu u kavezu (oktagonu) koja se potpuno pogrešno zove "ultimate fight".

Postoje četiri važna elementa kojih moraju da budu svesni oni koji o karateu razmišljaju isključivo kao o veštini realne samoodbrane:

- nivo hormona adrenalina izlučen u protivnikov krvni sistem tokom sukoba; pod uticajem adrenalina u organizmu se dešavaju promene koje značajno povećavaju sposobnosti ljudskog organizma; primljeni udarac, koji bi napadača sigurno boleo pod normalnim okolnostima, često nema nikakav efekat u situacijama visokog nivoa stresa.
- napadači su često pod uticajem alkohola, to znači da poruka o bolu izazvanom karate udarcem putuje vrlo sporo do mozga napadača i to znači da će napadač reagovati potpuno drugačije, nego što mnogi vežbači karatea, uključujući šampione, očekuju.
- napadači su često pod uticajem droga; ako niste imali lično iskustvo borbe s osobama koje su pod uticajem krak kokaina, biće vam teško da zamislite o čemo ovde pišem; oni jednostavno ne osećaju bol od udaraca, a nivo njihove snage je nestvarno povećan.
- strah od teških povreda ili bliske smrti; u različitim situacijama video sam osobe izuzetnih fizičkih i

mentalnih sposobnosti koje se jednostavno zalede u opasnim okolnostima. To ne znači da su ti ljudi kukavice, to samo znači da nisu bili adekvatno pripremljeni za situacije u kojima je skora smrt moguća. U takvim situacijama, sve se menja, od toga kako mozak razvrstava prioritete naših akcija, do fine koordinacije između našeg centralnog nervnog sistema i naših mišića. Postoje načini da se osoba pripremi za ovakve situacije, ali problem života i smrti nisu tema ove knjige, tako da ću svesno izbeći izazov da nastavim da pišem o tome.

Za one kojima je karate važan kao sredstvo samoodbrane, sve ovo bi trebalo da pomogne da razumeju da njihov način vežbanja i njihov mentalni pristup vežbanju karatea moraju da budu drugačiji, nego što su navikli.

Tokom mog džudo treninga

Poznavanje prednosti i mana drugih borilačkih veština (boks, džudo, rvanje, džiu džicu…) je izuzetno važno. Iako sam nekoliko godina proveo trenirajući džudo i rvanje grčko-rimskim stilom i iako boks redovno treniram skoro 30 godina, ja nikada nisam osećao da se bavim bilo kojom drugom borilačkom veštinom osim karateom. Boreći se s borcima koji su trenirani u drugim borilačkim veštinama, uvek sam razmišljao kako karate može da iskoristi njihove nedostatke i u kojim situacijama bi druge borilačke veštine bile u prednosti nad karateom. Bavljenje džudoom, rvanjem i boksom bio je jedan od načina da unapredim svoj nivo karatea.

Uvežbavanje tehnike do perfekcije, razvoj brzine, izdržljivosti i snage do maksimalnog nivoa i postizanje superiornog nivoa tolerancije na fizički bol, načini su da se kreira mogućnost pobede u svakom fizičkom sukobu. Ali sve to nije dovoljno za pobedu u borbi na život i smrt, ako ne znamo kako da pristupimo strahu od bliske smrti. Jedan od načina da se stigne do odgovora šta prava borba na život i smrt sa sobom zaista nosi je dugogodišnje, temeljno i naporno vežbanje kate. Drugi, brži i manje siguran način da se dođe do tih drastičnih saznanja je stvarno iskustvo u opasnim situacijama, ali ja ne preporučujem nikome da do odgovora na pitanja straha od bliske smrti pokuša da dođe ovom metodom. Za to nema potrebe, suviše je rizično.

Karate i oružje

Jedan od razloga što puno vremena provodim u treningu taktičkog pucanja je profesionalne prirode. Kao instruktor taktičke upotrebe vatrenog oružja, moja obaveza je da mojim učenicima demonstriram efikasnost onoga čemu ih učim, bilo da su oni privatna lica ili profesionalni pripadnici bezbednosnih agencija. Pravilna tehnika korišćenja vatrenog oružja i upotreba inteligentne strategije tokom sukoba vatrenim oružjem često spasavaju živote nevinih osoba. Drugi razlog u kom vidim interes za trening vatrenim oružjem je taj, što verujem da je to u skladu s tradicijom karatea. Stari okinavljanski učitelji karatea nisu vežbali samo odbranu od oružja kao što su duga i kratka sablja, sai, bambusov štap, tonfa, ili nunčaku, već su znali i kako da ih koriste kada im se oružje nađe u rukama. Čak je vrlo moguće da su upravo učitelji karatea došli na ideju da se poljoprivredne alatke, kao što je bio slučaj s nunčaku, mogu upotrebljavati kao smrtonosno oružje u borbi protiv naoružanog napadača. Proučavajući različite istorijske izvore, došao sam do zaključka da su stari učitelji bili izuzetno zainteresovani za upotrebu svih tada dostupnih oružja, i izgleda mi neverovatno da ti isti učitelji ne bi bili zainteresovani da nauče kako da koriste vatrena oružja da su u to vreme pištolji i puške bili rasprostranjeni i dostupni kao danas.

Moguće je da je moj zaključak o vezi između karatea i veštine upotrebe vatrenog oružja pogrešan. Ali isto tako je moguće da je moj zaključak ispravan. Jedina stvar koju mogu da kažem sa sigurnošću jeste ta, da mi je dugogodišnji trening s vatrenim oružjem pomogao da shvatim koliko su popularne tehnike samoodbrane od vatrenog oružja, koje se često koriste u modernom treningu borilačkih veština, ustvari pogrešno koncipirane.

Trening upotrebe oružja u uslovima slabe vidljivosti

Svakome ko se bavi karateom i ko sa sobom nosi vatreno oružje želim da ponudim dva saveta:

- vežbajte taktičko pucanje redovno; što manje vežbate, to ste opasniji za sebe i za osobe koje se nalaze u vašoj okolini.

- ponašajte se s oružjem odgovorno; kao što vaše prijatelje nikada nećete udariti nogom u stomak tek onako, iz zabave, isto tako nikada ne smete da vadite oružje iz futrole bez vrlo ozbiljnog razloga. Igra vatrenim oružjem se najčešće završava smrću nedužne osobe, a od vežbača karatea se očekuje da uvek demonstriraju najveći mogući nivo samokontrole i discipline.

<u>5</u> MOJ KARATE

Goran Lozo

Početak

Jedan događaj iz detinjstva imao je presudan uticaj na moju blisku budućnost i kasnije se ispostavilo i na ceo život. Imao sam trinaest godina. U to vreme su postojala samo dva TV kanala tako da nije bilo velikog izbora, mogli su da se gledaju samo prvi ili drugi program TV Beograd i to je bilo sve. U to vreme svake nedelje na prvom kanalu emitovana je emisija pod imenom *Znanje-imanje*. Koliko se sećam, emisije su uvek prenošene direktno, a najčešće su snimane u domovima kulture širom Srbije. Televizor je bio uključen i voditelj programa je kazao da će gošće programa biti tri devojke koje će demonstrirati borilačku veštinu koja se zove karate. Pojavile su se tri bosonoge devojke u belim kimonima i s crnim pojasevima oko struka. Izgledale su mi skoro nestvarno jer nikada ranije nisam video nekoga tako obučenog. Hodale su graciozno, ali ne kao balerine. I onda su počele da rade katu i posle kate su demonstrirale lomljenje crepova i posle toga moj životni put bio je potpuno preusmeren. Kontrast između belog kimona i crnog pojasa, iako jednostavan i očigledan, ostavio je toliko snažan utisak na mene da sam odmah počeo da tražim po novinama i sportskim časopisima sve što je moglo da se nađe o karateu. Secam se da je sportski ilustrovani list *Tempo* u nekoliko uzastopnih izdanja objavio rubriku "Škola karatea". Sećam se da je jedan od demonstratora bio proslavljeni jugoslovenski karate šampion Radomir Mudrić. Svaki element demonstriranih tehnika bio je jasno fotografisan i detaljno opisan a ja sam u svojoj sobi posmatrao te slike, čitao objašnjenja i uvežbavao do potpunog osećaja iscrpljenosti. Ne treba ni spomenuti da je sve što sam radio bilo pogrešno, ne zbog loših slika, nego zato što nije bilo nikoga ko bi ispravljao moje greške. Negde u isto vreme u bioskopu *20. Oktobar* u Balkanskoj ulici u Beogradu počeli su da se prikazuju filmovi Brusa Lija. Moj drug iz detinjstva, Dragan, kojeg sam već pomenuo u ovoj knjizi, i ja nedelju dana uopšte nismo išli u školu već smo ulazili u bioskop ujutru kada je počinjala prva predstava, a izlazili smo iz bioskopa uveče posle poslednje predstave. Ukupno, gledali smo svakog dana isti film pet puta.

Mavaši geri, 1980. Godina, svaki slobodan trenutak bio je prilika za vežbanje karatea

U to vreme nije postojao internet, a ja nisam poznavao nikoga ko je vežbao karate. Jednog dana seo sam na autobus i krenuo iz Padinske skele u Beograd da nađem karate klub. Izašao sam na stanici u ulici 29. novembra i počeo da zaustavljam ljude na ulici pitajući ih da li znaju gde se nalazi neki karate klub. Najzad, posle više od sat vremena, jedan stariji prolaznik mi je kazao da odem do Osnovne škole "Oslobodioci Beograda". Kazao je da tamo drži treninge "neki karatista koga zovu Žika Zver". Nekako sam našao put do te škole i čim sam ušao u školu video sam domara škole i pitao ga kada se održavaju treninzi karatea. Kazao mi je da se treninzi održavaju svakog dana osim subote i nedelje od 7 do 9 uveče. Iste večeri sam se vratio u školu na moj prvi trening. To je bio utorak, 3. aprila 1979. godine. Stigao sam sat vremena pre početka treninga i nestrpljivo sam čekao sam da se Žika Zver pojavi. Kada se pojavio, odmah sam znao da je to on. I pantalone i jakna su bile crne, a on je hodao brzo i snažno, prav kao strela. U ruci je imao malu crnu kožnu torbu s japanskim amblemom: crveni krug na beloj podlozi. Pravo ime Žike Zveri ustvari je bilo Života Vukojčić. Bio je višestruki šampion Jugoslavije u polusrednjoj kategoriji i osvajač četiri bronzane medalje na prvenstvima Evrope od 1969. do 1972. godine. U to vreme nije bilo odvojenih termina za početnike i za napredne takmičare, svi su vežbali u isto vreme. Prvo su se postrojavali crni pojasevi, pa braon i tako dalje prema nižim pojasevima. Mi, beli pojasevi, bili smo u poslednjoj liniji, pritisnuti uza zid. Kada je učitelj ušao u salu, svi su stali na svoje mesto i prestali da pričaju. Trener je stao ispred nas i izgovorio "Rei" (japanska reč koja znači naklon). Posle kratkog naklona kazao je: "Sramota je ikada odustati, iz bilo kog razloga!" Odmah pošto je to izgovorio, izdao je komandu za zagrevanje. Ta rečenica, "Sramota je ikada odustati, iz bilo kog razloga" postala je najvažnija rečenica koju sam ikada čuo. Ta rečenica me je pratila i davala mi snagu, ne samo kada sam bio izložen ekstremnom fizičkom naporu, već i u svim drugim situacijama u privatnom i profesionalnom životu. Pravo značenje te rečenice u stvari sam shvatio mnogo kasnije, pošto su me životna iskustva dovela do saznanja koja nisam imao kada sam imao samo 14 godina. To pravo značenje je bilo da nikada, ni pod kojim uslovima, ne smemo da prestanemo da verujemo da nas je Bog obdario svime što nam je potrebno da prođemo kroz najteža duhovna i fizička iskušenja i da će nam Bog uvek pomoći da stignemo gde želimo ako ne izgubimo veru u njega.

Moj kum Dragan Veličković (levo) i ja vežbamo iza škole tokom velikog odmora. Karate nam je bio važniji od svega ostalog.

Putovanja

Socijalistička federativna republika Jugoslavija (SFRJ) je bilo ime države u kojoj sam se rodio i takmičio. Jugoslavija je bila sastavljena od šest republika (Srbija, Crna Gora, Bosna i Hercegovina, Makedonija, Hrvatska i Slovenija) i dve autonomne pokrajine (Vojvodina i Kosovo i Metohija). Nabrajati imena bivših Jugoslovenkih republika sigurno zvuči besmisleno mojim vršnjacima, ali sam prilično siguran da mlade generacije nemaju jasnu predstavu o Jugoslaviji i upravo zbog mladih čitalaca sam se odlučio da imenujem sve bivše jugoslovenske republike. U Jugoslaviji karate je bio izuzetno popularan i takmičenja su se održavala u svakom kutku stare države. Danas, posle raspada SFRJ, na teritoriji stare Jugoslavije nalazi se šest različitih i nezavisnih država. Moja prva putovanja vezana su za karate takmičenja u staroj Jugoslaviji. Svih šest republika imale su svoje sličnosti, ali su imale još više specifičnosti, koje su im davale prepoznatljivost i sopstveni identitet. Sama putovanja po republikama stare Jugoslavije i mogućnost da upoznam drugačije tradicije, običaje i kulture, učinila su da svet vidim i doživim drugačije nego što bi to bio slučaj da nisam imao priliku da putujem. S mojim klubovima, OKK "Beograd", KK "Radnički" iz Beograda, KK "Mladost" iz Zemuna, KK "Sloga" iz Kraljeva, KK "Vojvodina" iz Novog Sada i KK "Crvena zvezda" iz Beograda i sa ITKF i JKA reprezentacijama Jugoslavije posetio sam skoro dvadeset zemalja sveta. Iz današnje perspektive teško mi je da poverujem da sam imao takvu privilegiju. Da sam toliko putovao u privatnom aranžmanu, cena svih putovanja autobusima, vozovima i avionima i cena stotina noćenja u hotelima, koštala bi me malo bogastvo. Sam to nikada ne bih mogao sebi da priuštim. Uvek sam bio svestan da neko drugi plaća moja putovanja i zbog toga sam i na treninzima i na takmičenjima uvek davao sve od sebe. Osnova mog skoro fanatično profesionalnog odnosa prema karateu bila je moje vaspitanje i osećaj obaveze prema mojim trenerima i klupskim i reprezentativnim drugovima, ali važan deo mog profesionalizma bila je želja da sponzorima i organizacijama koje su finansirale troškove mojih treninga i takmičenja, pokažem da zaslužujem njihovu podršku.

Posle nekoliko godina putovanja isključivo po republikama stare Jugoslavije, poceo sam da putujem na takmicenja po istočnoevropskim zemljama. Posle toga su počela takmicenja po zemljama zapadne Evrope, pa seminari i takmicenja u Americi. Tokom takmičarske karijere i zahvaljujući takmičenjima po stranim zemljama, upoznao sam mnogo različitih ljudi i stekao lepa prijateljstva koja još uvek traju. Ta poznanstva i prijateljstva omogućila su mi da vidim mesta i gradove koje inače nikada ne bih video. Zato sam po završetku takmičarske karijere često putovao u inostranstvo samo da bih video stare prijatelje. Ovo pišem u godini u kojoj sam napunio 49 godina života i do sada sam imao privilegiju da u različitim funkcijama (sport, posao, privatno) posetim 40 zemalja na četiri kontinenta. Većinu tih zemalja verovatno nikada ne bih video da nije bilo karatea.

Znanja koja steknemo kroz čitanje knjiga su osnova obrazovanja, ali sam zahvaljujuci putovanjima shvatio da ta znanja ne mogu da nam predstave pravu sliku o svetu dok ih ne nadgradimo ličnim iskustvima. Na putovanjima nikada nisam želeo da gubim vreme na kupovine suvenira, obuće, garderobe i sličnih stvari na koje turisti uglavnom troše novac i vreme. Sve slobodno vreme sam koristio da posetim muzeje i vidim spomenike, da jedem domaću hranu i da se družim s ljudima koji su pripadali zemlji i kulturi čiji sam gost bio. Bilo da se to radilo o Poljskoj, Italiji, Švedskoj, Maroku, Egiptu, Japanu, Australiji, Americi ili bilo kojoj drugoj zemlji u kojoj sam bio, uvek sam koristio isti model učenja i upoznavanja i to me je obogatilo većim znanjem i iskustvom, nego sto bi to učinila bilo koja svota novca ili diploma s najprestižnijih svetskih fakulteta. Posle svakog putovanja, osećao sam se zrelijim i bogatijim što je bilo presudno za izgradnju mog samopouzdanja. Sve ovo se ne bi desilo da nije bilo karatea.

Piza, Italija, Krivi toranj

**Pacifik, na putu iz Japana u Australiju,
u pozadini se vide Filipini.**

Egipat, piramide u Gizi

Pariz, Francuska, Ajfelov toranj

London, Engleska, Bakingemska palata

Rim, Italija, Koloseum

Tihuana, Meksiko

NASKA (North American Sport Karate Association) Svetsko prvenstvo u Point karateu 1995. godine, Atlanta, USA, bronzana medalja u superteškoj kategoriji

Porodica

Porodicu je lako osnovati, ali je teško izgraditi. Zato se previše brakova završi razvodom i previše dece živi bez ljubavi i pažnje. Uništiti budućnost porodice je lako, dovoljno je biti sebičan i lenj. Graditi srećnu porodicu je jedinstven izazov i zahteva svu emotivnu, spiritualnu, intelektualnu i fizičku energiju koju jedna osoba može da pruži. Izazovi koje izgradnja porodice zahteva isti su kao izazovi na koje nailazimo na putu usavršavanja karate veštine.

Izreka kaže da karate počinje sa REI (japanska reč za naklon). Kada ulazimo u dodžo, naklonom iskazujemo zahvalnost što imamo gde da vežbamo karate. Učitelju karatea se naklonimo pre nego što mu se obratimo. Tim naklonom iskazujemo poštovanje našem učitelju koji je stariji od nas i zahvalnost što nas uči tajnama karatea. Pre borbe klanjamo se našim protivnicima zato što želimo da pokažemo da ih poštujemo, zato što znamo da su uložili ogroman rad i prošli kroz jak fizički i mentalni bol da bi ojačali svoje telo i duh, i da bi usavršili svoje znanje karatea. Roditelji su me učili poštovanju, ali karate mi je pokazao koliko je poštovanje važno. Zahvaljujući tome, poštovanje prema starijima, prema porodici i prijateljima i prema istoriji i tradiciji mog naroda uvek su bili važan deo mog života i načina razmišljanja. Zato sam od samog početka zasnivanja svoje porodice razumeo koliko je važno da volim i poštujem svoju suprugu i koliko je važno da budem posvećen budućnosti svoje porodice. Takođe, znao sam da ne mogu imati više poštovanja i razumevanja za sebe, nego što imam za svoju suprugu i tako sam se uvek ponašao. Poštovanje je bilo obostrano i to je jedan od glavnih razloga zbog kojeg je moja porodica složna i srećna posle skoro dvadeset godina braka. Zahvaljujući karateu razumeo sam značaj i vrednost iskazivanja poštovanja i taj princip sam iz sale za vežbanje preneo u svoju porodicu.

Karate borenje me je naučilo da sagledam celu sliku pre nego što počnem da obraćam pažnju na detalje. Način razmišljanja, koji sam koristio u izgradnji strategije za borbu s protivnikom, koristio sam i u svojoj porodici. Protivnik u karate borbi je u stvari iskušenje kroz koje moramo da prođemo. Izazovi koji očekuju novu i mladu porodicu su takođe iskušenja kroz koja mogu da prođu samo oni koji imaju najviše snage, mudrosti i veštine.

Kao što sam znao da želim da se moja borba završi mojom pobedom, isto tako sam znao da želim da moja porodica bude srećna i puna ljubavi.

Kao što su protivnici otkrivali moje slabosti, tako i zajednički život s nekim drugim može da nam otkrije slabosti za koje nismo znali da ih posedujemo.

Kao što sam u karate borbi svoju strategiju pobede planirao na osnovu onoga što sam znao o svom protivniku, tako sam se u braku menjao i prilagođavao da ne bih narušio harmoniju koja je postojala.

Kao što u karate borbi nikada nisam hteo da koristim nesportske i nemoralne poteze, isto tako u svom braku nikada nisam želeo da uradim nešto zbog čega bih se stideo.

I kao što sam od svog protivnika u karate borbi očekivao da mi iskaže poštovanje koje sam ja iskazivao njemu, u svojoj porodici sam očekivao istu stvar od svoje supruge i kasnije od svoje ćerke.

Zasluga za ljubav i harmoniju koje postoje u mojoj porodici pripada podjednako mojoj supruzi i meni. Takođe, zasluga za tu harmoniju pripada i našoj ćerki koja sada ima skoro 18 godina i koja se prema svim svojim obavezama odnosi odgovorno i profesionalno i koja se prema nama odnosi s ljubavlju i poštovanjem. Što se tiče mog doprinosa, duboko sam svestan da takav doprinos ne bi bio moguć da u svom braku nisam koristio sve ono čemu me je naučio karate.

Najvažnija odluka i najlepši događaj mog života, MOJA PORODICA (fotografija iz 1997. godine)

**Nijedno od mojih životnih iskustava nije mi donelo ni blizu radosti
i zadovoljstva koliko mi je donela moja ćerka.
(fotografija iz 2013. godine)**

**S Gordanom i Sarom, moja porodica je moj najveći životni uspeh.
(fotografija iz 2014. godine)**

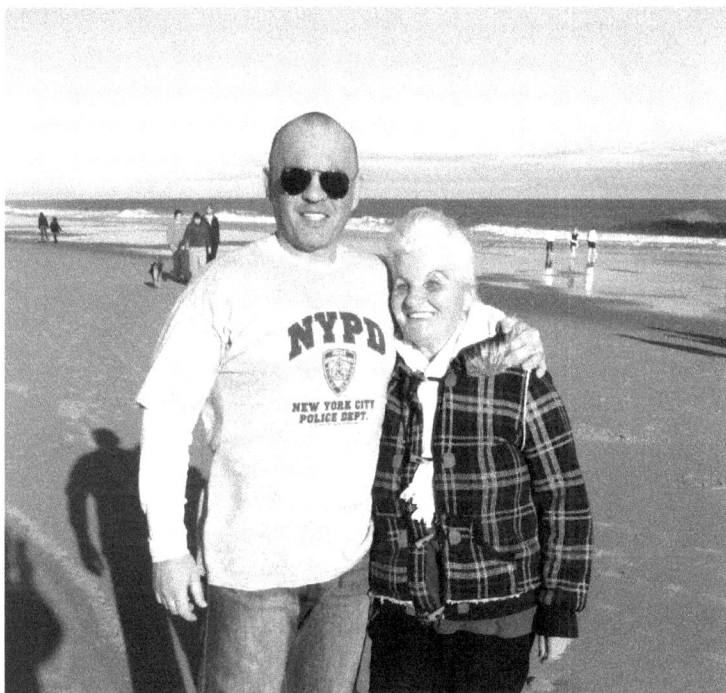

**Nikada ne smemo zaboraviti šta su naši roditelji učinili za nas.
Ja i moja majka Radmila na obali Atlantika
(Mirtl Bič, Južna Karolina, SAD) 2011. godine.**

S ocem Đorđem i majkom Radmilom nakon polaganja vojničke zakletve u Osijeku (Hrvatska) 1983. godine. Posle manje od dve godine nakon ove slike, moj otac je umro u 46. godini života. Bez obzira na ogroman fizički bol kojem je bio izložen tokom njegove dvomesečne borbe s rakom pluća, moj otac nikada nije ispustio ni jedan jedini jauk. Umro je onako kako je živeo: hrabro i dostojanstveno. Njegovo herojstvo me inspiriše i nakon svih ovih godina.

Život visokog rizika

Na moju veliku žalost, borilačke sposobnosti koje sam razvio treningom karatea, nekoliko puta sam bio primoran da koristim u svom privatnom i profesionalnom životu. Bilo je nekoliko fizičkih sukoba s malim kriminalcima koji su iz meni nepoznatog razloga, verovatno pod uticajem droge, verovali da mogu da pređu liniju preko koje niko, ko ima zdrav razum, ne bi pokušao da pređe. Nažalost, ti mali kriminalci i ulični dileri droge, u Padinskoj skeli (predgrađu Beograda u kojem sam živeo do 1998. godine) i u Beogradu, uvek su imali toliko samopouzdanja da se nisu ustručavali da započnu konflikt na ulici pred velikim brojem svedoka. Tih nekoliko sukoba završilo se na vrlo bolan način za moje napadače, ali moram da kažem da su moja mladost i mladalački ponos učinili da prema ovim kriminalcima budem mnogo brutalniji, nego što je to bilo potrebno. Nijedan od njih nije bio ni treniran ni fizički snažan kao ja, niti je imao znanje borilačkih veština koje sam ja imao. Danas, znam da sam mogao da budem mnogo strpljiviji i da sam mogao da pokušam da ih odgovorim od njihovih namera. Karate tehnike treba koristiti samo kada više ne postoji nijedna druga opcija, a ja sam u svim situacijama, osim jedne kada sam iznenada napadnut bejzbol palicom, imao priliku da razgovorom i ubeđivanjem izbegnem konflikt.

Jedne godine, mislim da se radi o 1997. radio sam u obezbeđenju diskoteke "Bus" u Beogradu. To nije bio posao koji sam voleo, ali je bio veoma dobro plaćen, a mojoj porodici novac je bio preko potreban. Moja ćerka se tek rodila, ja više nisam imao svoju karate školu, a troškovi života su bili izuzetno visoki. Sećam se da sam za tih dvanaest meseci radio 360 noći i da smo moje kolege i ja imali fizičke konfrontacije s gostima u proseku jednom nedeljno. Neki sukobi nisu predstavljali nikakvu opasnost, dok su neki sukobi eskalirali u vrlo opasne situacije. Ove situacije, u kojima sam bio prinuđen da koristim svoje znanje karatea, bilo je nemoguće izbeći i siguran sam da sam samo zahvaljujući karateu uspeo da iz svih tih sukoba izađem nepovređen, ili samo lakše povređen. Kao ni u jednoj drugoj borilačkoj veštini, karate tehnike su dizajnirane za odbranu i protiv jednog i protiv više napadača u isto vreme. Brzo donošenje odluka, tehnika kretanja u borbi protiv više protivnika, odbrane od napada sa strane ili s leđa, sve sam to naučio na treninzima karatea. Iako bih više voleo da se nikada nisam našao u takvim situacijama, moram da kažem da sam bio vrlo zadovoljan saznanjem da koncept karate borenja protiv više protivnika nije zasnovan na teoretskom razmišljanju, nego na stvarnom iskustvu kineskih i okinavljanskih učitelja koji su vekovima stvarali temelj modernog karatea.

Obezbeđenje u diskoteci BUS (s leva na desno): bivši pripadnik SAJ-a Srbije Vlado Lemak, Rašo Gorašević i ja.

Iskustvo mi govori da je značajan deo muške populacije vrlo nesiguran u sebe i da pod uticajem alkohola i droge dobijaju nerealan osećaj hrabrosti i samopouzdanja. Takodje, većina muškaraca su hrabri samo u grupi, a nikada kada su sami. To je bio razlog zbog kojeg je bilo nemoguće izbeći ove sukobe: svi su želeli da se najzad osećaju kao "pravi muškarci", šta god da to znači u njihovom izvitoperenom sistemu vrednosti. Ohrabreni brojčanom nadmoći i lažnom iluzijom o sopstvenoj fizičkoj snazi, sve što su želeli je da nas, ako je moguće, ili teško povrede ili ubiju. Mnogi su pretili da će nas ubiti, pobiti i tako dalje, ali jedna grupa je otišla toliko daleko da su to zaista i pokušali. Posle sukoba u kojem smo dvojica kolega, Rašo Gorašević i Vlado Lemak, i ja naneli vrlo teške telesne povrede grupi od šest kriminalaca, ta ista grupa se vratila nakon nekoliko sati i bacila na diskoteku tri ručne bombe koje su ranile osmoro gostiju, nekoliko od njih vrlo teško. Znam da je cela grupa kasnije uhapšena i da su svi dobili dugogodišnje zatvorske kazne. Ovaj događaj sam opisao samo da bih ilustrovao to da je neke situacije zaista nemoguće izbeći.

Činjenica je da sam bio u situacijama u kojima sam morao da koristim znanje karatea da bih se odbranio od napadača, ali takve situacije su bile relativno retke. Međutim, sve ono čemu me je naučio karate, a što nije zahtevalo korišćenje karate blokova i udaraca, to je nešto što mi je zaista pomoglo da iz mnogih opasnih situacija izađem nepovređen, i na psihološkom i na fizičkom planu. Takve situacije, kojima sam bio izložen, vezane su za period između 1990. i 2000. godine odnosno između moje dvadeset pete i trideset pete godine života.

Od mojih srednjoškolskih dana zanimao sam se za istoriju i veštinu ratovanja. Još dok sam bio u srednjoj školi, pročitao sam sve što se u bibliotekama moglo naći o

Goran Lozo

Aleksandru Velikom, Hanibalu, Skipiu Afrikanusu, Napoleonu, vojvodi Živojinu Mišiću, nemačkom generalu Romelu i američkom generalu Patonu. Jedva sam čekao da odem u vojsku koja je u Jugoslaviji u to vreme bila obavezna za sve muškarce iznad 18 godina starosti. Na odsluženje vojnog roka u Jugoslovenskoj narodnoj armiji (JNA) otišao sam mesec dana po završetku srednje škole. Sećam se da su svi moji školski drugovi kazali da će prvo da idu na dugački godišnji odmor i da će da krenu na služenje vojne obaveze na jesen. Mene besmisleni godišnji odmor nije zanimao, niti mi je bio potreban, sve što sam želeo je da što pre obučem uniform, tako da sam već u julu 1983. godine počeo s mojim vojnim treningom. Takođe, vojni trening sam doživljavao kao nadgradnju mog karate treninga i to je jedan od razloga što sam vojnoj obuci prilazio na potpuno isti način na koji sam prilazio karateu. Odmah sam bio poslat u školu za komandire odeljenja u Osijeku u Hrvatskoj. Emotivno i mentalno, to je bio jedan od najtežih perioda u mom životu. Jedinica, u koju sam bio upućen, bila je više puta proglašavana za najbolju jedinicu tadašnje pete armijske oblasti i bila je jedna od najboljih u celoj Jugoslovenskoj narodnoj armiji. Tako visok status moje jedinice bio je zaslužen, a zasnivao se na izuzetno napornoj tehničkoj i teoretskoj obuci i na brutalnoj disciplini. Sećam se da su mi mnogi govorili da nisam imao sreće što sam poslat u takozvanu Belu kasarnu, čije je zvanično ime bilo "Narodni heroj Milan Stanivuković". Mnogo godina kasnije ispostavilo se da sam u stvari bio više nego srećan što sam pripadao baš toj jedinici, bez obzira na to koliko je obuka bila iscrpljujuća i disciplina brutalna.

Koliko god da je obuka bila fizički i mentalno zahtevna, ja sam kroz takvu vrstu napora već prošao u mom karate treningu pod nadzorom Žike Vukojčića, tako da sam odmah znao da ću biti u stanju da izdržim sve čemu budem bio izložen. Bio sam obučavan za korišćenje svih pešadijskih oružja i eksploziva, vožnju oklopnih vozila, osmatranje, topografiju i navigaciju, radio vezu, preživljavanje u prirodi, pravljenje improvizovanih splavova i još mnogo toga. Sve je to meni izgledalo kao logična nadgradnja mog karate znanja: vežbači karatea na Okinavi su učili kako da poljoprivredne alatke koriste kao oružja, a meni je obuka u korišćenju vojnih oružja i strategija izgledala kao najprirodniji sled događaja u razvoju moje karate veštine.

Posle bazične obuke koja je trajala šest meseci, poslat sam u jedinicu koja je, za to vreme, imala vrlo neobično ime: *Jedinica za borbu protiv iznenadnih dejstava*. Tu sam stekao vrlo specijalizovana znanja i iskustva za koje nisam mogao da pretpostavim, ne samo da ću jednog dana koristiti u svom profesionalnom životu, već da će mi nekoliko puta spasiti život. U mom slučaju sva ta znanja su imala još veću vrednost nego što bi to inače bio slučaj da nisam trenirao karate.

U SFRJ, po završetku vojnog roka svi vojnici su automatski postajali deo rezervnog sastava JNA. Članovi rezervnog sastava su s vremena na vreme bili pozivani na vojne vežbe koje su trajale od nekoliko dana do nekoliko nedelja, ali ja nikada nisam bio pozvan ni na jednu vojnu vežbu. Ja sam, i pretpostavljam mnogi od nas koji su pripadali Jedinici za borbu protiv iznenadnih dejstava, bio stavljen na raspolaganje i vojsci i policiji, što je bilo vrlo neobično, i meni u to vreme potpuno nejasno. Moj prvi angažman bio je na Kosovu, u Prištini, 1990. godine. Učešće u redovnim dnevnim aktivnostima bila je samo jedna od mojih obaveza . Druga obaveza bila je učešće u treningu taktike vojnog borenja u gradskim uslovima. Kada su policajci završavali svoj radni dan, ja sam tek kretao na trening u prištinskoj kasarni JNA. Trening je držao kapetan specijalnih jedinica vojske Jugoslavije iz Pančeva, ali njegovo ime sam zaboravio. Taktika borenja u gradskim uslovima me je u mnogim segmentima podsećala na karate katu: neprijatelji mogu da deluju sa svih strana, a moj posao je da održim koncentraciju i borbeni duh i da reagujem na najbrži i najžešći mogući način. Tokom ovog treninga, shvatio sam da isto pravilo koje je opisano u vrlo starim pričama o karateu važi i u uslovima ratovanja: da bi imao šansu da pobediš, moraš biti spreman da umreš. Mnogi su ovo pravilo shvatili tek kada su uspeli da razumeju da razmišljanje o smrti u toku borbe ne umanjuje opasnost kojoj je neko izložen. Razmišljanje o smrti, ustvari dovodi do osećaja straha i bespomoćnosti i onemogućava osobu koja razmišlja o smrti da koristi svoje znanje i iskustvo na najbolji mogući način ne bi li preživela opasnost u kojoj se nalazi. S negativnim mislima ne može se očekivati pozitivan ishod i to je nešto čemu su me naučili kata i karate. U to vreme, 1990. godine, separatistički pokret na Kosovu je počeo da dobija na masovnosti, najviše zahvaljujući podršci vlada zapadnoevropskih zemalja i SAD. Scenario je uvek bio isti: ulice Prištine su u jednom trenutku izgledale sasvim mirno i normalno da bi se za samo nekoliko minuta napunile hiljadama demonstranata koji su postajali izuzetno nasilni i opasni kada bi videli bilo koga, ili bilo šta što ih je asociralo na pripadnost Srbiji. Meni je to veoma teško padalo zato što je Kosovo vekovima bilo deo Srbije i zato što je moja majka tamo rođena i što je moja porodica decenijama živela i posedovala zemlju i šume u okolini Peći. Međutim, u situacijama visokog političkog naboja, ne možemo sebi da dozvolimo da emocije donose odluke za nas. Kao u kati, ili u karate borbi potrebno je sačuvati hladnokrvnost i donositi prave odluke u pravo vreme. Nekoliko puta sam se našao skoro u središtu uličnih demonstracija, ali zahvaljujući hladnokrvnosti razvijenoj vežbanjem karate, uvek sam uspevao da donesem pravovremene i pravilne odluke zahvaljujući kojima sam iz ovakvih situacija uspevao da izađem nepovređen.

Kao pripadnik Posebnih jedinica policije 1990. godine

Po isteku mojih obaveza prema Posebnoj jedinici policije u Prištini, vratio sam se kući i odmah sam nastavio s karate treninzima i takmičenjima. Nije prošlo mnogo vremena pre nego što je rat u Jugoslaviji počeo. Bez obzira na sve što se u prošlosti dešavalo između naroda bivše Jugoslavije, nama sportistima raspad Jugoslavije je teško pao. Do juče smo se zajedno takmičili, trenirali i družili, a od danas smo postali neprijatelji i trebalo je da ubijamo jedni druge. Intelektualno, i dalje ne mogu da razumem kako je moguće da se ogromni Sovjetski savez raspao bez ispaljenog metka, kako se Čehoslovačka raspala bez ijednog izgubljenog života, a u Jugoslaviji je moralo da izgubi živote desetine hiljada dece, žena, odraslih i starih da bi se postiglo ono što je bez ikakvih problema moglo da se postigne ugovorom na papiru. Za mene je bilo vrlo teško krenuti u rat s takvim razmišljanjem. Jasno se sećam kukavičluka koji su mnogi, koje sam u to vreme poznavao, ispoljavali. Pevali su ratne pesme i svima su pričali da jedva čekaju da dobiju poziv da se jave u svoju ratnu jedinicu. Hrabrost je često trajala samo do onog trenutka dok taj poziv najzad ne stigne, a onda je počinjalo skrivanje i često bežanje iz zemlje ne bi li se izbegao odlazak u rat. Najveći huškači rata postajali su vrlo snalažljivi u skrivanju. Ja se s tim ratom nisam slagao, ali sam se bez razmišljanja javio u jedinicu. Osećao sam se kao samuraj. Morao sam da uradim ono što je moja država očekivala od mene. Vaspitavan sam na pričama o čojstvu i junaštvu mojih crnogorskih predaka, a junaštvo srpskih vojnika i vojvoda me i danas inspirišu istom snagom kao kada sam prvi put čitao o njihovim podvizima. Koliko je naša istorija slavila heroje, toliko je osuđivala kukavice i izdajnike i ja sam se uvek slagao s takvom osudom. Ono što nisam očekivao je da ću i sam biti svedok izdaje i kukavičluka. Dobro se sećam da su nas do granice s Hrvatskom dovezli u četiri puna autobusa i da od ratnih pesama, pretnji i poklica tokom puta nije bilo moguće normalno razgovarati.

Kada smo izašli iz autobusa, čekali su nas vojni kamioni kojim je trebalo da nas odvezu do odredišta na kom će nam biti dato oružje i oprema. Po izlasku iz autobusa, pesma je stala, sve je postalo vrlo tiho. Odjednom, grupa po grupa kukavica koji su satima pevali ratne pesme, počela je da ide nazad prema autobusima i bilo je jasno da žele da se vrate u Beograd. Vozači autobusa su shvatili o čemu se radi, zatvorili su vrata, upalili motore i brzo krenuli, potpuno prazni, nazad prema Beogradu. Ni to nije sprečilo ove licemere bez karaktera i časti u njihovoj nameri. Krenuli su pešice nazad ka Beogradu, nadajući se da će neko da stane i da ih poveze nazad kući. Mi, koji tokom puta nismo pevali junačke pesme, ušli smo u kamione i krenuli prema našem odredištu. Kao i svako od njih i ja sam znao da je rizik od smrti mnogo veći u ratnom okruženju nego u uslovima mira. Kao i mnogi od njih i ja sam imao majku koja je strepela i molila se da se kući vratim živ, kao i mnogi od njih imao sam devojku koju sam voleo, kao i svi oni imao sam planove za budućnost i kao i svi oni, nisam želeo da umrem. Međutim, ja sam imao roditelje koji su me kao malog učili da se ne plašim, imao sam karate učitelja koji me je učio kako da kontrolišem svoje strahove, imao sam osećaj ponosa što pripadam istom narodu kojem pripada vojvoda Živojin Mišić. I živeo sam po kodeksu karatea i samuraja. Zbog svega toga, otišao sam u rat koji nisam razumeo i s kojim se nisam slagao, da se borim protiv ljudi koji su rođeni u istoj zemlji u kojoj i ja, koji su govorili jezikom kojim sam i ja govorio i među kojima je bilo mnogo mojih poznanika i prijatelja koje sam stekao kroz sport.

Prva akcija je bila izvlačenje ugljenisanih tela posade tenka koji je bio pogođen raketom, takozvanom zoljom, iz dela u kojem se i dalje nalazilo mnogo neprijateljskih snaga. Videti ugljenisana tela po prvi put je šokantan prizor, toliko stravičan da za trenutak može da se pomisli da to nije stvarna slika već ružan san. Kasnije sam video još mnogo stravičnijih scena, ali to me nije poremetilo, niti narušilo moju koncentraciju. Kada sam na karate takmičenjima izvodio katu ispred sudija i publike, znao sam da ću uspeti da izvedem katu bez greške jedino ako uspem da eliminišem svest o tome da me u tom trenutku svi posmatraju. Karate me je naučio da eliminišem distrakciju i to znanje sam koristio u ratnim situacijama. Ništa nije moglo da poremeti moj fokus na ono što je bilo najvažnije: izvršiti zadatak i vratiti se živ u jedinicu. Ratište i karate borilište zahtevaju od učesnika iste stvari: da analizira, da planira, da reaguje brzo, da napada snažno, da kontroliše emocije i da se bori časno.

Karate je u meni razvio naviku da sve nepoznate osobe doživljavam kao potencijalne protivnike ili neprijatelje, da analiziram govor njihovih tela, da tražim nelogičnosti u njihovim izjavama i da pokušam da predvidim njihove postupke i akcije. Većina će reći da između ovakvog načina razmišljanja i paranoje ne postoji razlika. Međutim, iako golim okom nevidljiva, ta razlika je ogromna. Paranoja je stanje konstantnog osećaja ugroženosti i straha. Stanje, u kojem ja živim, je stalna spremnost da će se nešto neočekivano desiti i spremnost da se reaguje odlučno i beskompromisno. Po prirodi sam vesela i društvena osoba ali se stalno, gde god bio i šta god radio, osećam kao na karate borilištu, totalno opušteno i potpuno spremno. To je jedan od razloga što karate treniram bez prekida skoro četiri decenije, što svake godine ispalim nekoliko hiljada metaka tokom treninga taktičkog pucanja i to je jedan od glavnih razloga što nikada nisam bio pod uticajem alkohola. Nešto iznutra mi govori da muškarac mora uvek da bude spreman da reaguje, ne samo da bi bio u stanju da odbrani sebe, već da bi, ako do toga dođe, mogao da zaštiti svoju porodicu, prijatelje ili bilo koju nevinu osobu koja se nalazi u opasnosti. Što se tiče izjave da nikada nisam bio pod uticajem alkohola, moram da kažem da je to istina osim u jednom slučaju. Taj događaj se desio veoma davno na brodu na sred Pacifika, negde između Japana i Australije. Svi detalji tog događaju nemaju mesta u ovoj knjizi, ali radilo se o velikoj količini alkohola koju sam popio i to se desilo zato što su okolnosti to zahtevale od mene. O tome ću možda pisati u nekoj od sledećih knjiga.

Moj stalni oprez, koji je zahvaljujući karateu postao moja druga priroda, spasio mi je život najmanje jednom, mada u trenutku kada se ovo desilo toga nisam bio svestan. Jedinici, kojoj sam pripadao tokom ratnih dejstava, bili su potrebni kvalitetni i sposobni borci. Pukovniku Mirkoviću, komandantu moje jedinice, predložio sam da preko svojih

Kao pripadnik jedinica JNA

kanala izdejstvuje da u našu jedinicu dođe moj prijatelj i kum Dragan Veličković. Znao sam da je Dragan izuzetno hrabar i izuzetno sposoban i da je to tip vojnika koji nam je bio neophodan. Pukovnik Mirković mi je verovao i Dragan je stigao u moju jedinicu već posle desetak dana. Kada je moja smena završena, ja sam se vratio kući, u Beograd, a

Dragan je ostao još nekoliko meseci. Posle nekog vremena, Dragan je dobio nekoliko dana odsustva tako da je deo tog vremena iskoristio da vidi moju majku i moju suprugu Gordanu, koja je tada još uvek bila moja devojka. Ja sam bio na putu i dobro se sećam kad me je Gordana pozvala telefonom i pitala me da li znam koliko sam bio blizu da budem ubijen dok sam bio na ratištu. Naravno, nisam znao o čemu priča, a ona mi je prepričala šta je Dragan ispričao mojoj majci i njoj. Neposredno po mom odlasku iz jedinice, naša patrola je zarobila dve neprijateljska vojnika koji su bili prerušeni u pripadnike jugoslovenske vojske. Kao što to biva, naši islednici su želeli da saznaju kakav im je bio zadatak, namere i s kim su sve bili u kontaktu od kada su se ubacili na teritoriju naše jedinice. Jedna od stvari, koju su ispričali tokom istrage, bila je da su u nekoj kući, koja je bila pretvorena u kantinu, pričali s jednim vojnikom, koji je bio u maskirnoj uniformi, koji je izgledao kao beli Majk Tajson i koji je sve vreme držao svoj kalašnjikov u krilu i vežbao vrtenje ronilačkog noža između prstiju. Kazali su da su imali nameru da tog vojnika zaskoče i da otmu njegovo oružje i radio stanicu. Međutim, iako ih je bilo dvojica i nikog drugog nije bilo u blizini, nisu uspeli da ostvare svoje namere zato što je ovaj vojnik sedeo u ćošku prostorije i odmah im je kazao da mu ne prilaze previše blizu, zato što ih ne poznaje i da, ako priđu preblizu, da će to biti poslednji dan njihovih života. Kada su shvatili kolikoj se opasnosti izlažu, okrenuli su se i otišli. Moji prijatelji koji su čuli ovaj iskaz, odmah su znali da sam ja bio taj vojnik. Poredili su me s Tajsonom zbog obima mog vrata, a isto tako su me više puta videli kako uvežbavam odbrambene tehnike s mojim ronilačkim nožem. Čim mi je Gordana ispričala šta je čula od Dragana, setio sam se svih detalja ovog događaja. Sećam se da su dva vojnika u pešadijskim uniformama JNA prišla i pitala me da li mogu da sednu za moj sto da popiju čaj. Ponašali su se nonšalantno i prirodno. Međutim, sa sobom su od oružja imali samo pištolje, što je bilo više nego neobično zato što su svi, osim starešina, uvek sa sobom imali automatske puške. Taj detalj je uključio alarm u meni, ali njih dvojica to nisu mogli da vide. Kazao sam im: "Momci, možete da sednete i da popijete čaj, ali nemojte ni slučajno rukom da krenete prema pištoljima, to će vam biti poslednji dan u životu. Ne poznajem vas i ne verujem vam". Siguran sam da su mislili da sam psihopata i da bih sigurno pucao istog trenutka kada bi počeli da mi se približavaju, ili da su krenuli prema svom oružju. Međutim, ja sam samo instiktivno pratio upustvo za koje sam prvi put čuo tek desetak godina kasnija: ako postoji bilo kakva sumnja, onda nema nikave sumnje da si u pravu što sumnjaš.

Tokom sparinga ili takmičenja relativno često sam dobijao udarce rukom ili nogom u glavu. Taj osećaj je vrlo specifičan: glava zazvoni kao crkveno zvono, orijentacija i ravnoteža su poremećeni, ali borac i pored toga mora da zadrži pribranost i da nastavi da prati svoj taktički plan koji je kreirao pre početka borbe. Jedne noći tokom mog boravka na ratištu desilo se nešto slično. Neprijateljski snajper je umesto mene pogodio ćošak zgrade iza koje sam se nalazio. Ne sećam se da sam čuo pucanj ni video odsjaj, ali sećam se da me je nešto pogodilo u čelo i da sam pao. Ne mogu da odredim koliko mi je trebalo da shvatim da me nije pogodio metak, već veliki komad betona koji je snajperski metak odlomio od zida zgrade. To je možda bilo samo nekoliko sekundi, možda minut ili dva, ali kada sam se povratio, osećao sam se kao posle karate udarca u glavu: malo dezorijentisano, ali i dalje s punom koncentracijom i svešću o tome šta se dešava oko mene i šta treba da uradim da bih se izvukao iz vrlo neugodne situacije. Na sreću, moje kolege i ja smo prošli nepovređeni, a ja sam siguran da je meni lično pomogla prisebnost koju sam razvio vežbanjem karatea.

Tek u ekstremnim situacijama kao što je rat shvatimo ograničenja ljudskog logičkog razmišljanja. Zašto neko izgubi život u naivnoj situaciji i zašto neko preživi bezizlaznu situaciju, zašto neko, ko izgleda kao heroj, reaguje kao kukavica i zašto neko, od koga se to ne očekuje, čini herojska dela, zašto zlikovci prežive, a nevina deca i žene prođu kroz pakao i na kraju umru? Istina o prirodi ljudske egzistencije počinje tamo gde se ljudska logika završava i tu istinu je teško dokučiti. Ja ne mogu da kažem zašto neko preživi rat, a neko ne preživi, ali znam da sam uvek verovao da ću ponovo videti svoju majku, devojku i prijatelje, i znam da su me moj karate i vojni trening opremili svime što je nekome potrebno da preživi situaciju kao što je rat. Ja sam bio dobro pripremljen, a sve ostalo bilo je u Božjim rukama.

Telohranitelj

Deo obuke, u koju sam bio uključen u vreme mog boravka na Kosovu, bio je pružanje lične zaštite osobama visokog značaja. Ta specifična obuka je bila nova za mene, ali s obzirom na moje poznavanje vojnih oružja, eksploziva, radio komunikacije i ostalih elemenata neophodnih za obavljanje zadataka u vezi sa ličnom zaštitom, bilo mi je lako da razumem metodologiju rada profesionalnih telohranitelja. Telohranitelj je neadekvatna reč koja ne odslikava pravu prirodu ovog zanimanja, ali prinuđen sam da je koristim zato što je ta reč odomaćena u srpskom jeziku. Ovaj trening je bio usmeren na pružanje zaštite visokim oficirima u ratnim uslovima i nije doticao probleme s kojima se sreću telohranitelji političara ili biznismena. Naš instruktor, kapetan Specijalne jedinice vojske iz Pančeva nas je upoznao sa svim elementima prevencije napada na visoke starešine, od izviđanja i sigurnosne analize rute kretanja i mesta na kojima će se visoko oficiri pojaviti, do planiranja njihovog transporta na sigurnu lokaciju ukoliko dođe do napada. Tada sam shvatio da je rad na obezbeđenju ličnosti mnogo kompleksniji i zahtevniji nego što sam mogao da pretpostavim. Bio sam fasciniran onim što sam naučio. Za mene, uspešno profesionalno obezbeđenje važnih ličnosti je kombinacija menadžmenta i umetnosti. Za vreme boravka na ratištu nekoliko puta sam bio deo obezbeđenja visokih oficira i to iskustvo je bilo izvanredna nadgradnja na teoretsko znanje koje sam stekao tokom boravka na Kosovu.

U narednim godinama pružao sam, s vremena na vreme, individualno obezbeđenje nekolicini biznismena i bankara. Nijedan od njih nije imao neprijatelje, ali su se uglavnom plašili mogućnosti otmica. Imati jednu osobu koja ih štiti, davalo im je lažni osećaj sigurnosti zato što pravu zaštito može da pruži samo dobro obučen i iskusan tim profesionalaca, dok jedna osoba ne može da radi ništa drugo osim da reaguje kada dođe do incidenta. Ove osobe su bile vrlo imućne i bio sam dobro plaćen, ali jednostavno nisu mogli da shvate da jedna osoba ne može da uradi mnogo protiv dobro organizovane kriminalne grupe, ili bilo koje druge organizacije. U tih nekoliko godina nikada se nije desio nijedan incident tako da mogu da kazem da sam ustvari imao mnogo sreće.

Šef obezbeđenja u
AIK Banci iz Sente

Moja legitimacija šefa
obezbeđenja
studentskog protesta 1992.

U vreme početka studentskih demonstracija protiv Miloševićevog režima, pozvalo me je nekoliko mladih ljudi iz rukovodstva studentskog pokreta s molbom da im pomognem s organizovanjem obezbeđenja na njihovim skupovima. Ti mladi ljudi bili su puni energije i entuzijazma. Međutim, velika količina emocija učinila je da nisu bili u stanju da jasno misle i da donose svrsishodne odluke; verovali su da im ni metak ne može ništa. Takođe, o uspostavljanju discipline među njima nije bilo ni govora: izgledalo je kao da slušaju šta im govorim, ali bilo mi je jasno da ništa nisu čuli. Pokušavao sam da im pomognem da razumeju logiku sistema koju sam želeo da uspostavim. Međutim, kada se logika suprotstavi emocijama, emocije uvek pobeđuju. Iako su imali najbolje namere, ovi mladi ljudi nisu bili trenirani da budu disciplinovani tako da sam im kazao da će dalje morati bez mene. Zamolili su me da ostanem s njima samo još nekoliko dana da im pomognem s obezbeđenjem pisca Matije Bećkovića koji je studentima trebalo da održi nekoliko govora, jedan od njih na Filološkom fakultetu. Iako je sve vrlo brzo postalo haotično, čak se nekoliko studenata koji su bili određeni da okružuju Bećkovića izgubilo u gužvi među desetinama hiljada drugih učesnika protesta, ovaj događaj je bio izvanredno profesionalno iskustvo. Biti jedini naoružani član obezbeđenja u ogromnoj masi ljudi pored čoveka koji je bio potencijalna meta tadašnjeg režima, situacija je iz koje može mnogo da se nauči. Kada sam se našao u sličnoj situaciji sledeći put, pod opasnijim okolnostima, bio sam prilično opušteniji i spremniji za neočekivane događaje.

Atentat na Vuka Draškovića dogodio se na Ibarskoj magistrali 3. oktobra 1999. godine. Vuk Drašković je samo čudom preživeo atentat, dok su tri člana njegovog obezbeđenja i rođeni brat njegove supruge Danice ubijeni: Zvonko Osmajlić, Vučko Rakočević, Dragan Vušurović i Veselin Bošković. To je bilo vreme kada je bilo izuzetno opasno biti Miloševićev neistomišljenik. Ljudi su nestajali i bivali ubijani. Miloševićeva tajna policija nije imala milosti ni prema kome. Dva dana kasnije, rano ujutru 5. oktobra, zazvonio mi je telefon i na drugoj strani žice bila je ženska osoba koja se predstavila kao sekretarica Vuka Draškovića. Kazala mi je da Vuk Drašković trenutno nema nikoga ko bi brinuo o njegovoj bezbednosti i da bi Srpski pokret obnove bio zahvalan, ako bih pristao da budem deo novog tima obezbeđenja. Niti sam ikada saznao po čijoj sam preporuci pozvan, niti me je interesovala bilo čija zahvalnost. Sve što

Goran Lozo

TJELOHRANITELJ JE DANAS NAJRIZIČNIJA
I NAJNEZAHVALNIJA PROFESIJA U SRBIJI:
"Badigardovi" i život daju za svoje lidere

**U obezbeđenju lidera opozicije Vuka Draškovića
neposredno nakon atentata na Ibarskoj Magistrali.**

me je zanimalo je bilo da budem u prilici da se borim protiv
onoga koji je bez milosti ubijao druge Srbe samo zato što
su bili politički neistomišljenici. Posle šest vekova pod
Otomanskim carstvom, miliona ubijenih u Prvom i Drugom
svetskom ratu, najmanje što je srpskom narodu bilo
potrebno je ubijanje Srba od strane drugih Srba. Nažalost,
Slobodan Milošević nije mislio na isti način na koji sam ja
razmišljao. U to vreme Srpski pokret obnove bio je vrlo
popularna politička partija s ogromnim brojem pristalica. U

122

tako velike organizacije bilo je vrlo lako infiltrirati se i ja sam znao da je u svim strukturama partije bilo špijuna Miloševićeve tajne policije. O prisluškivanju sastanaka i privatnih razgovora, o praćenju pripadnika obezbeđenja i otkrivanja njihovih jakih i slabih strana ne treba trositi reči. Svi smo znali da su to pravila igre u kojoj smo učestvovali. Neki od nas su imali specifičan trening i iskustvo vezano za lično obezbeđenje, a neki nisu. Novi članovi obezbeđenja Vuka Draškovića bili su hrabri, spremni da izgube život i ponašali su se izuzetno profesionalno.

Karate-Do naučio me je borilačkoj etici, a karate sport fer-pleju. Koliko sam uvažavo druge karatiste i sportiste kojima su etika i fer-plej bili važni, toliko sam imao antipatiju prema onima koji su se ponašali suprotno. Uvek sam se trudio da taj način razmišljanja koristim i van sportskog borilišta. Samo mesec dana nakon što sam počeo da radim za Srpski pokret obnove, u Beogradu je ubijen još jedan telohranitelj, Branko Vasiljević. Branko je bio majstor karatea, oženjen i otac tek rođene bebe i član obezbeđenja Zorana Đinđića, tadašnjeg lidera Demokratske stranke. Supruga ga je našla u stanu s prostrelnom ranom na glavi. Svi mi, koji smo čuvali Vuka Draškovića, znali smo da su naši životi takođe u opasnosti i to je bilo u redu, svi smo bili odrasle osobe i znali smo u šta se upuštamo. Ja sam bio izuzetno oprezan, ali se nisam mnogo brinuo: zabrinutost ne bi eliminisala opasnost, ali bi negativno uticala na instinkte i reflekse. Takođe, verovao sam da sam samo ja u opasnosti i nije mi padalo na pamet da išta loše može desiti mojoj porodici. Čak se i mafija drži pravila da se deca i žene ne diraju. Međutim, jednog dana sve se promenilo. Pošto se desilo previše ubistava u vrlo kratkom vremenskom period, ja pretpostavljam da se tadašnji režim odlučio na taktiku zastrašivanja svojih protivnika. Sećam se da smo moja supruga i ja bili van kuće i da su Saru, našu ćerku, koja je tada imala samo tri godine, čuvali naši roditelji. Kada smo se te večeri vratili kući, naši roditelji su izgledali vrlo uznemireno. Kazali su nam da su ubrzo pošto smo mi napustili stan, na vrata došli policajci iz takozvane interventne jedinice. Ušli su unutra i pred mojom trogodišnjom ćerkom uperili automatske puške u sve njih i počeli da viču i da prete. Ubrzo su otišli i bilo je više nego očigledno da im je jedina namera bila da mi pošalju poruku da sa njima nema šale, da su spremni da eliminišu, ne samo one koji im se suprostave, već i njihove porodice. To je bila linije preko koje se ne prelazi, svako ko učini išta loše mojoj porodici, dobio je najgoreg mogućeg neprijatelja u životu. Međutim, pošto takve stvari rade samo istinske kukavice, ova grupa Miloševićevih bandita u uniformama je otišla bez traga ne ostavivši nikavu pisanu poruku, niti bilo šta po čemu bi mogli da se identifikuju. Od tog trenutka pa nadalje, sve što sam radio za izvanrednu platu, radio bih potpuno besplatno. Takva vrsta ljudi ima hrabrosti samo kada su u grupi, kada treba pucati s ledja, i kada su ispred njih deca, žene i stari. Takvi nisu rođeni za sukob licem u lice s onima koji ih se ne plaše. Ja pripadam narodu koji je stekao slavu po svojoj hrabrosti, vaspitavao me je otac koji nije poznavao strah, trenirao me je karatista koji je bio beskompromisan borac, nadahnjivao me je vojvoda Mišić koji je pobedio moćnu i surovu austrougarsku vojsku... Da li su stvarno mislili da ćemo se ja i meni slični uplašiti ljudskog šljama kao što su oni i njima slični? Karate borci su vaspitani i trenirani da se ne plaše. Ponašanje ovih bandita u uniformama proizvelo je potpuno suprotan efekat od onog koji su planirali i očekivali.

Ispred Starog dvora u Beogradu

S guvernerom američke države Džordžija, Natanom Dilom

Saga o samuraju i glibu

Tokom mog boravka na ratištu 1991. godine, dnevni list *Politika ekspres* napravio je intervju sa mnom. Tokom rata bio sam pripadnik Jugoslovenske Narodne Armije. Jedinica, kojoj sam pripadao, bila je profesionalna i disciplinovana. Doživeli smo mnoštvo neprijatnih situacija i neki od nas se nikada nisu vratili kući. Novinar Politike ekspres je želeo da piše o ratnim iskustvima moje jedinice. Taj članak je objavljen pod naslovom "U paklu mina i snajpera". Jedini problem je bio u tome što je Politika ekspres objavila samo ono što je tadašnjem režimu odgovaralo da se čuje. Deo mog intervjua koji režimu nije odgovarao, jednostavno je prećutan.

Članak Politike ekspres koji je bio povod za snimanje filma
"Saga o samuraju i glibu"

Nekoliko meseci nakon objavljivanja ovog članka intervjuisala me je novinarka Radio Beograda, koja je želela da priča o neobjavljenom delu moje priče, koji su urednici Politike ekspres sakrili od javnosti. Nekoliko meseci nakon intervjua za Radio Beograd, potpuno slučajno sam upoznao našeg poznatog režisera dokumentarnih filmova, Vladimira Perovića, koji je tada radio za Televiziju Beograd. Počeli smo da pričamo i ispostavilo se da je on znao ko sam ja. Jednog dana me je pozvao telefonom i kazao mi da bi želeo da napravi dokumentarni film o meni. Njegova želja je bila da prikaže kako je rat u staroj Jugoslaviji video i doživeo neko kao ja, neko ko je vrlo mlad putovao po celom svetu, neko ko voli svoju zemlju i narod, ali i neko ko nije imao nikakvih nacionalnih i religijskih predrasuda. Pre početka raspada Jugoslavije imao sam mnogo prijatelja po celoj Jugoslaviji: na Kosovu gde mi je majka rođena, u Hercegovini, gde mi je otac rođen, u Crnoj Gori, Bosni, Hrvatskoj, Makedoniji i Sloveniji, gde sam se godinama takmičio. Želeo sam da iskoristim priliku da kažem da mržnja i ubijanje ničemu ne vode, naročito ne u ratu u kojem su svi učesnici do juče živeli u istoj zemlji, pričali istim jezikom, navijali za istu fudbalsku reprezentaciju, plakali kada je Tito umro, družili se, ženili i venčavali među sobom. Ja tada nisam poznavao nijednog nacionalistu, ni na jednoj strani. Do tada, svi moji poznanici, prijatelji i komšije bili su Jugosloveni. Boga je malo ko spominjao, a i kada su ga spominjali to je uglavnom bilo u psovkama. U crkvu je retko ko išao, i tek po neko je slavio slavu. I odjednom, sa svih strana obrušila se mržnja. Koliko god sa strane izgledalo da smo hteli da uništimo jedni druge, meni je to više ličilo da sve strane u sukobu imaju ogromnu želju za samouništenjem.

Film je nazvan "Saga o samuraju i glibu". Samuraj je bio moj lik, koji je predstavio sve one koji nisu nikoga mrzeli. Glib (blato) je predstavljao prljavštinu rata. U filmu sam kazao ono što sam mislio i osećao. Film je bio divno umetničko delo i nagrađen je s dve zlatne medalje na jugoslovenskom Festivalu dokumentarnog i kratkometražnog filma. Naravno, za umetnički nivo filma ja nemam ni najmanje zasluge. Film je postigao uspeh zbog umetnika koji je režirao film i njegovih saradnika. Posle toga, film je prikazan na mnogim međunarodnim festivalima širom sveta. Reakcija na film bila je zanimljiva.

**Scena sa snimanja filma,
kamerman TV Beograd je Miloš Mitrović.**

Mnogi su pozdravili moju spremnost da kažem ono što vidim i osećam umesto da pričam ono što je bilo popularno i očekivano. Međutim, znam da me je značajan broj ljudi kritikovao, mada niko nije imao smelosti da mi bilo šta kaže u lice. Jedna stvar koja je povezivala sve one koji su imali negativan stav prema onome što sam govorio u filmu je da niko od njih nije zaista učestvovao u ratu. Oni jesu ratovali ali iz svojih dnevnih soba, kancelarija i kafana dok smo u isto vreme ja i meni slični rizikovali svoje živote. Niko ko je svojim očima video ljudske tragedije koje rat donosi nikada nije izgovorio nijednu ružnu reč o meni, čak ni oni koji se nisu slagali s mojim razmišljanjima. Tada sam shvatio koliko patriotizam može biti profitabilan. I zato nije ni čudo što su najveće srpske patriote oni, koji nikada nisu bili spremni da žrtvuju bilo šta, a kamoli sopstveni život za svoju naciju, za naciju čija tradicija i istorija im je dala osećaj ličnog identiteta.

Sa snimateljima filma, desno od mene je Gordana, tada devojka, a sada supruga.

U jednoj knjizi o samurajima koju sam pročitao iste godine kada sam počeo da vežbam karate pisalo je da se od samuraja očekivalo da kaže svom gospodaru ono što vidi i što misli, bez obzira na posledice. Za samuraja je bilo neprihvatljivo da se plaši bilo čega, to je bilo u suprotnosti etičkom kodu po kojem su živeli. Po istom merilu vrednosti živeo je najveći ratnik iz srpske istorije i čovek čiji me život još uvek inspiriše: vojvoda Živojin Mišić. Vojvoda Mišić se borio za Srbiju, rizikovao život i donosio pobede ali nikada nije prećutao ništa što je trebalo da se kaže bilo kome, od generalštaba srpske vojske do kralja i njegovih savetnika. Vojvoda Mišić je bio jedini koji je kralju kazao da povlačenje srpske vojske preko Albanije nije strategija već kukavičluk. Ja sam taj samurajski i vojnički koncept ugradio u svoje srce i kada je za to došlo vreme, ja sam uradio ono u šta sam verovao da je ispravno: otišao sam u rat koji nisam mogao da razumem, borio se časno, rizikovao svoj život i posle svega, bez obzira na moguće posledice, kazao ono što nije trebalo da se prećuti. To su bila opasna vremena za one koji su razmišljali drugačije od novokomponovanih patriota ali ja nisam imao drugog izbora nego da se pridržavam ratničkog koda po kojem sam želeo da živim.

Produkcija filma trajala je oko mesec dana ali jedan dan mi je naročito ostao u sećanju i to zato što je taj događaj jasno odslikao moć mentalne koncentracije do koje može da se dođe kroz karate trening. Režiser filma Vladimir Perović je znao da sam uvek kada je padao sneg izlazio napolje i trenirao bosih nogu. Tehnika, kate i trčanje, tako je bio organizovan moj uobičajeni trening u snegu bez obuće na nogama. Tog dana temperatura je bila nekoliko stepeni ispod nule i duvao je vetar koji je stvarao osećaj da je mnogo hladnije nego što je to u stvari bilo. U filmu, sekvenca mog trčanja bosim stopalima po snegu trajala je oko 30 sekundi, ali snimanje te kratke sekvence trajalo je nekoliko sati. Režiseri su umetnici i oni ne prelaze na sledeći segment dok prethodni nije, po njihovom sudu, perfektan. Morao sam da trčim na različitim lokacijama, snimatelji su snimali iz različitih uglova i perspektiva, snimali su sa šina po kojima se gura kamera, bez tih šina... koristili su mnogo različitih tehnika ne bi li dobili efekat koji su želeli. Ono što mi je ostalo u sećanju je to da je nakon tog dana snimanje moralo da bude prekinuto zato što se priličan broj članova ekipe filma razboleo. Međutim, iako sam satima stajao bos na snegu i vetru, ja nisam dobio ni kijavicu. To je zato što sam bio potpuno koncentrisan na održavanje kretanja ki energije (neko to zove či energijom) kroz moje telo da pod tim uslovima nije postojala ni najmanja šansa da se prehladim. Moji prijatelji s kojima sam često odlazio na planinske zimske pripreme znaju kolika je moja tolerancija na hladnoću. Mnogima je bilo teško da objasne zašto je reakcija mog tela na hladnoću mnogo manje dramatična nego njihova međutim za mene odgovor je uvek bio jednostavan: ja lakše podnosim zimu zbog mentalnog stava koji zauzimam u situacijama kada je stres na organizam veliki. Taj mentalni stav i koncentracija pogoduju nesmetanom protoku ki energije i da nije bilo dugogodišnjeg i napornog karate treninga, čisto sumnjam da bih bio u stanju da se prilagodim zimi na način na koji to uvek uspevam. Nažalost, do sada nisam posvetio dovoljno pažnje izučavanju ki energije ali to je lekcija prema kojoj me moj karate trening neminovno vodi.

Scena iz filma: poređenje vukova s ljudima, vukovi ubijaju da bi preživeli. Ljudi nalaze mnogo više razloga za ubijanje.

Scena iz filma: trčanje bosim nogama po snegu, samo kada uklonimo barijere između nas i prirode postaćemo svesni da smo mnogo jači nego što smo to naučeni da verujemo.

Scena iz filma: karate trening, dugotrajno vežbanje karate tehnika na makivari priprema i duh i telo za sve vrste mentalnih i fizičkih izazova.

Goran Lozo

Scena iz filma: šetnja prugom s devojkom Gordanom, ratnici moraju uvek biti spremni da daju život za one koje vole i za ideje u koje veruju.

Scena iz filma: meditacija u šumi, napor duše da se pročisti od prljavštine rata.

Karate-Do, Blagoslov Neizvesnog Puta

ПОЛИТИКА субота 28. март 1992.

СА 39. ЈУГОСЛОВЕНСКОГ ФЕСТИВАЛА ДОКУМЕНТАРНОГ И КРАТКОГ ФИЛМА

Самурај на Балкану

Прво вече углавном без већих узбуђења. – Два изврсна документарца „Сага о самурају и глибу" Владимира Перовића и „Излазак у јавност" Шахина Шишића

Најинтригантнији филм прве вечери је без сумње био онај под називом „Сага о самурају и глибу" Владимира Перовића. Реч је о драми која настаје због преиспитивања морала сопствене личности, а главни јунак је млад човек инспирисан витештвом (чојство) самураја, који етику усвојеног начина живота издиже изнад захтева друштва у коме живи, које прописује сопствене етичке кодексе. Рат је у сржи приче, као повод свему. Рат и истина о њему. Јунак приче је сведок истине. Наравно, то је један угао посматрања, али угао даје другу димензију догађајима који су се недавно збили и открива сву напетост и конфликте у души једног младог човека, баченог у ковитлац времена. Прецизно и зналачки урађен филм, јасне тезе и поруке. Филм за спас душе.

За утеху љубитељима паралела телевизија се ове године појављује и као значајан продуцент документарних филмова, наравно рађених филмском траком. Управо је један од филмова из те куће „Сага о самурају и глибу" Владимира Перовића показала да овај продуцент има амбиције да загризе у теме које нисмо имали прилике да видимо у информативном програму. То је занимљива прича о младићу који занесен источњачком философском и етичком традицијом, а поштујући самурајски Бушидо кодекс доспева у југословенски прљави рат. Наш самурај и његов кодекс части смештени су са ове стране ратишта – на подједнако несрећној страни, као да је био на другој, када је реч о судару моралне чистоте, индивидуалистичке етике и ратне прљавштине. Филм је имао ману у предугој експозицији...

**Чланци из различитих дневних новина поводом приказивања
"Саге о самурају и глибу"**

135

Goran Lozo

ЉУДИ И СУДБИНЕ

САМУРАЈ У ГЛИБУ НЕИСТИНА

На мартовском фестивалу краткометражног и документарног филма у Београду Владимир Перовић, редитељ из Београда, добио је Златну медаљу за документарац „Сага о самурају у глибу" ★ Филмску причу о Горану Лозу и његовој животној филозофији коју ће једног дана супротстављена ратна стварност ускоро ће емитовати и Београдска телевизија

КОМЕ ЈЕ ДО РАТОВАЊА: Горан Лозо

Intervju za TV Novosti

136

Karate mi je dao sve

Kada bi me neko pitao da samo jednom rečenicom opišem karate, ta rečenica bi bila: "Koliko karateu daš, toliko ćeš dobiti za uzvrat". Ako živimo po principima karatea samo dok smo u karate sali i ako van karate sale živimo po manje zahtevnim principima, korist od karatea će biti vrlo mala. Imaćemo bolje držanje, bićemo fizički jači, mentalno opušteniji... Ali za to nam nije potreban karate: sve to može da se postigne i trčanjem, vožnjom bicikla, plivanjem, jogom i mnogim drugim fizičkim aktivnostima. Ali ako ceo svoj život doživljavamo kao dodžo i ako o svim životnim situacijama i iskušenjima razmišljamo kao o karate tehnici, kati i borbi, u tom slučaju, karate trening neće uticati samo na kvalitet naše karate tehnike, već i na kvalitet svih ostalih sposobnosti neophodnih da bi se išlo kroz život. Od samog početka, od prvog treninga 3. aprila 1979. godine ja sam karateu davao sve što sam imao. Nikada nisam usporio, ni odustao, nikada se nisam predao. Bio sam spreman da umrem, i na treningu i u borbi. Iskušenja kroz koja sam prolazio tokom karate treninga, omogućila su mi da otkrijem svoje slabosti i da prepoznam svoje kvalitete. To se nikada ne bi desilo da sam trenirao samo nekoliko puta nedeljno, da sam pravio pauze kada sam bio umoran, povređen ili bolestan, da sam prestajao da vežbam posle nekoliko godina treninga i vraćao se treningu kada se ponovo uželim karatea. Za mene ceo svet je bio dodžo i uvek sam davao sve od sebe da se u svakom trenutku ponašam kao u dodžu. To nije bilo lako i često nisam uspevao da živim po principima u koje sam verovao. Međutim, uvek kada sam bio slab i kada sam pravio greške, obećavao sam sebi da se ista greška neće ponoviti još jednom. Često sam bio besan i razočaran u sebe i to mi je teško padalo. Niko drugi ne može da nas razočara i izneveri koliko možemo sebe same da razočaramo i izneverimo. Bio sam strog i kritičan prema sebi i to mi je pomoglo da budem bolja ličnost. Naravno, i posle više od 35 godina karate treninga živim i razmišljam na isti način. Svestan sam da je perfekciju nemoguće postići, ali važno je težiti perfekciji. Zahvaljujući karateu, uspevam da prepoznam svoje slabosti, ne plašim se da to sebi priznam. Upuštam se u borbu sa samim sobom s uzbuđenjem i radošću.

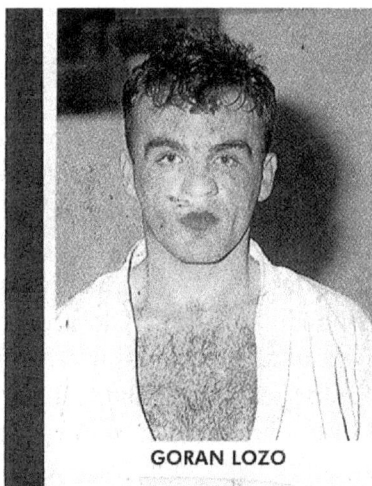

GORAN LOZO

Prva karate liga SFRJ je osamdesetih godina prošlog veka bila toliko popularna da je 1988. godine izdat album savezne lige sa samolepljivim sličicama svih takmičara. U to vreme smo nastupali ispred mnogo više publike, nego što ovih dana nastupa većina klubova prvih fudbalskih liga bivših jugoslovenskih republika. Godine 1988. takmičio sam se za KK "Sloga" iz Kraljeva.

ZAKLJUČAK

Goran Lozo

Umetnost je spoj umetnikove veštine i umetnikove vizije.

Karate je umetnost.

Veština karate umetnika ogleda se u njegovoj tehnici.

Vizija karate umetnika ogleda se u njegovom karakteru.

Goran Lozo

RECENZIJE

Posebno sam ponosan kao profesor što je moj student, prijatelj i jedan izuzetno dobar čovek, Goran Lozo, uspeo u poduhvatu da napiše ovako vrednu knjigu o karateu.

Ova knjiga je rezultat duboke posvećenosti autora karateu kao borilačkoj veštini i sportu. Njegova inspiracija za karate započela je još u ranom detinjstvu i ona, očigledno, neprekidno traje i vodi ga kroz čitav njegov dosadašnji život. Na osnovu ličnog poznavanja autora, uveren sam da je njegova posvećenost karateu suštinski bitno uticala na njegovo borilačko usavršavanje ali i, što je možda još važnije, na formiranje njegove ukupne ličnosti.

Autor knjige, Goran Lozo, na izuzetno temeljan način, opisuje bogatu istoriju karatea, pri čemu obrazlaže karakteristike transformacije karatea kao tradicionalne borilačke veštine u sport. Pri tom, autor ne krije ni sopstveno menjanje pogleda na karate tokom svog sazrevanja i usavršavanja, što na upečatljiv način govori o njegovoj neprekidnoj vezi sa karateom.

U knjizi, autor vodi čitaoca kroz dugu i bogatu istoriju karatea, obrazlaže njegove praktične, etičke, estetske i druge vrednosti. Istovremeno, on iznosi i ličnu priču o posvećenosti ovoj drevnoj istočnjačkoj borilačkoj veštini, o uticaju karatea na njegovu životnu sudbinu a posebno u pojedinim dramatičnim situacijama koje su mu se zbivale tokom života. Zbog toga, ova knjiga nije samo opis genealogije i vrednosti karatea, ona je više od toga. Predstavlja dirljiv primer visoke posvećenosti autora karateu koji je njegov životni put, filozofski vodič i matrica za lično menjanje i usavršavanje.

u Beogradu, maja 2014.

Redovni profesor dr Zoran Ćirković

prof. dr Zoran Ćirković
Fakultet sporta i fizičkog vaspitanja Univerziteta u Beogradu

"Karate-Do, Blagoslov Neizvesnog Puta" je glasno razmišljanje o karateu kao veštini i njegovom ogromnom uticaju na sopstevni život i život svih onih koji mu se iskreno posvećuju.

Ovaj komentar mogu sebi da dozvolim, jer Gorana Loza dobro poznajem više od dvadeset godina. Put kojim je Goran Lozo prošao bio je trnovit, ali na tom putu on je ostao čestit, odlučan i istrajan. Trenirali smo zajedno, takmičili se, debatovali, radovali se, zajedno dočekivali i ispraćali važne događaje, smejali se, tugovali... Savetovao sam ga i slušao njegove savete. Nekada povređeni i promrzli, ali uvek vedri i spremni da pomognemo, ne samo jedan drugom, već i svima kojima je pomoć bila potrebna, drugarski, prijateljski...

Siguran sam da će put, koji je pred njim, biti znatno lakši i još uspešniji. Sada je na njegovoj strani ogromno iskustvo i znanje, kao i spremnost da još odlučnije ide napred, trenira, analizira, istražuje, piše, ne menjajući svoje principe i merila vrednosti.

Knjigu preporučujem svim sportistima koji imaju iskren odnos prema treningu, pogotovo onima koji se bave izučavanjem borilačkih veština. Oni koji se prema treningu, i sportu uopšte, ne odnose s potpunom posvećenošću i ljubavlju, sugurno će se zapitati u čemu je njihov problem i gde greše. Ova knjiga će dati odgovore na njihova pitanja.

Ono što karate kao borilačka veština i sport nosi u sebi i sa sobom, manje ili više vidljivo i skriveno, ispričano je onima koji će imati tu privilegiju da ovu knjigu pročitaju.

u Beogradu, maja 2014.

Aco Ćirović

Aco Ćirović, crni pojas 7. dan, autor, selektor karate reprezentacije Srbije i trener u karate klubu "Olimpik" iz Beograda

Saznanja i iskustva sakupljena u više decenija vežbanja, a potvrdena bezbrojnim šampionskim takmičarskim rezultatima, Goran Lozo je ostavio kao svoj potpis i otisak prsta u ovoj knjizi. Izborom retko birane teme koju ova knjiga ima, on je pokazao hrabrost i odvažnost da se suoči s malo poznatim i zahtevnim vrednostima borilačkih veština, koja su mnogima u svetu karatea daleka. Svaku ideju i razmišljanje u knjizi potkrepio je praktičnim iskustvom kako iz sveta karatea tako i iz ostalih aspekata života koja su višeslojna i raznolika.

Stil pisanja je jako blizak svakodnevnom govoru i veoma lako čitljiv i razumljiv i pored toga što govori o značenju poruka u samoj srži borilačkih veština.

Verujem da će vas knjiga veoma zainteresovati i da ćete je, kao i ja, pročitati u jednom dahu.

Iz ovih i mnogih drugih razloga toplo preporučujem knjigu Gorana Loza "Karate-Do, Blagoslov Neizvesnog Puta", koja će vam pomoći da upoznate i prepoznate prave vrednosti karate veštine. Ova knjiga može da bude ona karika koja nedostaje u vašem studiranju karatea, karika s kojom vežbanje dobija svoj pravi smisao.

u Kanberi, maja 2014.

Miodrag Zarić

**Miodrag Zarić, crni pojas 7. dan, autor,
učitelj karatea u karate klubu "Meikyo Kan",
Kanbera, Australija**

O AUTORU

Goran Lozo

Goran Lozo je rođen u SFR Jugoslaviji, u Beogradu, 4. januara 1965. godine. Goran je počeo da vežba karate 3. aprila 1979. godine. Njegov prvi karate učitelj bio je Života Vukojčić, jedan od pionira jugoslovenskog karatea i proslavljeni šampion i reprezentativac.

Goran Lozo

Goran je bio uspešan sportista i verovatno jedini takmičar u istoriji srpskog i jugoslovenskog karatea koji je bio državni šampion u tri različite karate federacije:

153

WUKO, ITKF i JKA. Pod okriljem WUKO federacije, kao
član karate kluba "Radnički" iz Beograda, bio je šampion
stare Jugoslavije (SFRJ) 1986. godine u konkurenciji ispod
21 godine starosti, a iste godine s reprezentacijom Srbije
osvojio je omladinski WUKO Kup SFRJ koji se u to vreme
zvao Kup bratstva i jedinstva. Zbog izvanrednih sportskih
rezultata, Goran je 1986. godine proglašen najboljim
mladim sportistom Sportskog društva "Radnički" iz
Beograda. U seniorskoj konkurenciji, kao član Crvene
zvezde iz Beograda, Goran je 1995. godine osvojio
šampionate Jugoslavije u ITKF i JKA federacijama. U
Prvoj saveznoj karate ligi nastupao je za "Mladost" iz
Zemuna i "Slogu" iz Kraljeva. Kao član reprezentacije
Jugoslavije, nastupao je na četiri evropska i na jednom
svetskom prvenstvu. Na evropskim šampionatima Goran je
u pojedinačnoj konkurenciji dva puta bio plasiran izmedju
petog i osmog mesta a na Svetskom ITKF prvenstvu bio je
član reprezentacije koja se takođe plasirala između petog i
osmog mesta. Goran se takođe takmičio u takozvanom
point karateu koji je vrlo popularan u Americi. Najveći
uspeh ostvario je 1995. godine kada je na NASKA (North
American Sport Karate Association) Svestilskom prvenstvu
sveta osvojio bronzanu medalju u superteškoj kategoriji. U
poslednjoj borbi svoje sportske karijere 2001. Goran je bio
kapiten američkog *Magnum Force* tima u borbi za titulu
ekipnog prvaka sveta. Pored kontinentalnih i svetskih
šampionata Goran je nastupao i osvajao medalje na
velikom broju međunarodnih takmičenja.

Goran je nosilac crnog pojasa šesti dan koji mu je
2012. godine dodelila Šotokan karate federacija Srbije. Za
crni pojas prvi i drugi dan Goran je vežbao pod nadzorom
Živote Vukojčića, a ispite za ova zvanja polagao je ispred
komisije Karate saveza Beograda. Za zvanja trećeg,
četvrtog i petog dana vežbao je pod nadzorom Aca
Ćirovića i Vladimira Jorge, a ova zvanja mu je dodelio

Hidetaka Nišiyama, u to vreme jedan od poslednjih živih učenika Gičina Funakošija.

Zvanje internacionalnog karate trenera ITKF federacije, Goran je stekao 1995. godine u San Dijegu (SAD), a diplomu višeg karate trenera stekao je na Fakultetu sporta i fizičke kulture u Beogradu 1999. godine.

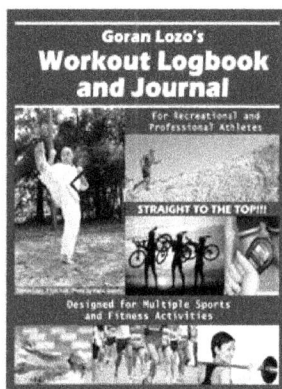

"Karate", 1996   "Dnevnik treninga", 2011

Pre ove knjige, Goran je izdao dve publikacije: prva je bila knjiga pod imenom "Karate" 1996. godine (Žigraf, Beograd) za koju je recenziju napisao prof. dr Vladimir Jorga. U toj knjizi Goran je najvećim delom obrađivao temu razvoja vrhunskih karate sportista od početne faze treninga do seniorske konkurencije, s akcentom na specifičnostima različitih metodoloških pristupa radu s različitim uzrasnim kategorijama. Goranova druga po redu publikacija pod imenom "Workout Logbook and Journal for Recreational and Professional Athletes" (Dnevnik treninga za rekreativce i profesionalce) objavljena je u Americi 2011. godine. Takođe, Goranovi tekstovi su objavljivani u nekoliko američkih magazina borilačkih veština.

1996. godine, s delom osvojenih medalja i trofeja

Od 1995. godine Goran je oženjem Gordanom Lozo, elektro i softverskim inženjerom. Njihova ćerka Sara je rođena 1996. godine i njeno profesionalno opredeljenje je vezano za umetnost i scenski dizajn.

Od 2000. godine Goran i njegova porodica žive u Atlanti (država Džordžija) u SAD.

Pod visoko uzdignutim mačem
Pakao je pred kojim drhtiš;
Ali pođi napred
I zemlja blaženstva biće tvoja.

Mijamoto Musaši
(1582 - 1645)

Goran Lozo

LITERATURA
(redosled autora po abecednom redu)

- Egami, S. 1976
  The Way of Karate: Beyond Technique
  Kodansha International Ltd., Tokyo, Japan

- Zarić, M. 2011
  Meikyo kan, kuća čistog ogledala
  Autorsko izdanje, Beograd, Srbija

- Jorga, I., Jorga, V., Đurić, P. 1968
  Karate, uvod u jednu veštinu borenja
  Sportska knjiga, Beograd, Jugoslavija

- Kano, J. 2013
  Mind Over Muscle
  Kodansha, New York, USA

- Mabuni, K. 2002
  The Study of Seipai
  Kowakan Karatedo Ltd., Vancouver, Canada

- Mabuni, K. 2002
  The Art of Self Defense
  Kowakan Karatedo Ltd., Vancouver, Canada

- Motobu, C. 2006
  My Art of Karate
  International Ryukyu Karate-jutsu Research
  Society, Aspley, Australia

- Nishiyama, H. 1993
  The Art of "Empty Hand" Fighting
  Charles E. Tuttle Company, Tokyo, Japan

- Ćirović, A. 2011
  Karate, 12 Shotokan kata
  Šotokan karate savez Srbije, Beograd, Srbija

- Funakoshi G. 2004
  To-Te Jitsu
  Masters Publication, Hamilton, Canada

- Funakoshi, G. 2001
  Karate Jutsu
  Kodansha International Ltd., Tokyo, Japan

- Funakoshi, G. 2013
  Karate-Do Nyumon, The Master Introductory Text
  Kodansha, New York, USA

- Funakoshi, G. 2012
  Karate-Do Kyohan, The Master Text
  Kodansha, New York, USA

- Funakoshi, G. 2012
  The Twenty Guiding Principles of Karate
  Kodansha, New York, USA

- Funakoshi, G. 2013
  The Essence of Karate
  Kodansha, New York, USA

- Yokota, K. 2014
  Shotokan Mysteries
  Xlibris, Indiana, USA

www.ingramcontent.com/pod-product-compliance
Lightning Source LLC
Chambersburg PA
CBHW061721020426
42331CB00006B/1026